Thomas Rütten/Gerhard Franken

Das Einsteigerseminar

Turbo Pascal 6.0

Dieses Buch wurde mit der Xerox Ventura Publisher Software formatiert und gestaltet. Ventura Publisher™ ist ein Warenzeichen der Ventura Software Inc. Bezugsquelle der Software: EDCON Ventura Service Ennsstr. 17 47809 Krefeld

Copyright © 1993 by BHV Verlag Bürohandels- und Verlagsgesellschaft mbH Postfach 30 01 62 41342 Korschenbroich Germany Telefon: (0 21 82) 40 63–65 Telefax: (0 21 82) 5 09 15

1. Auflage

ISBN 3-89360-721-8

Printed in Germany

Einleitung

Turbo Pascal

Bis 1982 hatte in der Ausbildung neben BASIC (*Beginners all Purpose Symbolic Instruction Code*) kaum eine andere Programmiersprache eine nennenswerte Chance, in stärkerem Maße eingesetzt zu werden. Als Pascal, das in den Jahren 1969 bis 1971 von Niklaus Wirth entwickelt wurde, dann auf den Markt kam, dauerte es auch noch einige Zeit, bis dieser Sprache der Durchbruch gelang. Erst das Erscheinen von Turbo Pascal, ein vom amerikanischen Softwarehaus Borland entwickelter Dialekt, verhalf Pascal zum endgültigen Durchbruch. Borland kombinierte einen sehr schnellen Compiler (Übersetzer) mit einem Editor (Textverarbeitungsprogramm) und fügte Standard-Pascal einige wichtige Erweiterungen hinzu, die wesentlichen Anteil am Erfolg der Sprache hatten.

1985 wurde Turbo Pascal mit der Version 3.0 zum Standard-Pascal-Compiler im PC-Bereich. Als einführende Programmiersprache wird Pascal seither an allgemeinbildenden und technisch orientierten berufsbildenden Schulen ebenso wie an Hochschulen auf breiter Front eingesetzt. Aber nicht nur im Schulwesen hat Turbo Pascal wegen seiner einfachen Handhabung und schnellen Erlernbarkeit weite Verbreitung gefunden. Im semiprofessionellen Bereich und von Hobbyprogrammierern wird es zur Erstellung kleinerer Dienstprogramme (sogenannter "Tools") verwendet, da die vom Compiler erzeugten Programme außergewöhnlich kompakt und schnell, die Quelltexte wegen ihrer guten Lesbarkeit leicht zu warten sind. Das ist auch der Grund dafür, daß Turbo Pascal im professionellen Bereich zunehmend Verwendung findet. Sein Texteditor verwendet weitgehend die Tastenbefehle des bekannten Textverarbeitungsprogramms WordStar, die wohl jedem, der sich etwas intensiver mit dem PC beschäftigt, vertraut sind.

Mit dem Erscheinen von Turbo Pascal 4.0 wurden die meisten der zuvor kritisierten Beschränkungen des Compilers aufgehoben, und Turbo Pascal wurde noch leistungsfähiger. Gleichzeitig wurde aus der Version 4.0 jedoch auch ein (fast) vollständig neuer Compiler, denn die Unterschiede zu den Vorgängerversionen fielen doch recht erheblich aus. Die wichtigste Neuerung der Version 4.0 ist die Einführung des sogenannten "UNIT"-Konzeptes nach dem Vorbild der Sprache Modula 2. Damit wurde auch die Erstellung großer Programmierprojekte mit Turbo Pascal möglich.

Turbo Pascal-Version 5.0 überzeugte durch nochmals verbesserte Leistungen (z.B. höhere Geschwindigkeit bei der Übersetzung) und Erweiterungen, die deutlich in Richtung professioneller Anwendungen weisen. Wieder eingeführt wurde die "Overlay-Technik", die es ermöglicht, auch große Programme auf Rechnern mit wenig freiem Speicherplatz ablaufen zu lassen. Bei Verwendung der sogenannten "Overlays" (Überlagerungsstrukturen) teilen sich mehrere Programmteile ein und denselben Platz im Speicher des Rechners. Weniger häufig benötigte Programmteile werden erst dann von der Diskette oder Festplatte geladen, wenn sie tatsächlich benötigt werden, wobei sie dort einen anderen Programmteil ersetzen.

Zudem wurde Turbo Pascal 5.0 um Möglichkeiten zur Fehlersuche ("Debugging") im Quelltext erweitert und Speichererweiterungen nach dem Lotus-Intel-Microsoft-Standard (LIMS/EMS 4.0) werden nun unterstützt. Die Abkürzung EMS bedeutet "Expanded Memory Specification". Diese Form der Speichererweiterung sollten Sie nicht mit "Extended Memory" verwechseln. EMS ist auch auf normalen PCs verfügbar, während "Extended Memory" lediglich auf Rechnern der AT-Klasse (also mit den Prozessoren 80286 oder 80386) vorhanden sein kann (Speicherbereiche über 1 MByte). Verbessert und erweitert wurden zudem die im Lieferumfang enthaltenen Grafikroutinen. Dabei werden jetzt auch die neuen Grafikkarten mit hoher Auflösung (VGA - "Video Graphics Array") voll unterstützt.

Mit der Turbo Pascal-Version 5.5 wurden dann die Weichen in Richtung Zukunft gestellt. Neben einigen internen Verbesserungen und der neuen Möglichkeit, Beispielprogramme aus dem Hilfesystem direkt in Programmtexte zu übernehmen, ist die wichtigste Neuerung der Version 5.5 die Integration des Konzepts der objektorientierten Programmierung (OOP) in den Sprachumfang.

Inzwischen ist Turbo Pascal 6.0 auf dem Markt, das die vorher eher theoretischen Möglichkeiten der objektorientierten Programmierung mit einer ganzen Sammlung von Objekten zur Programmierung von Benutzeroberflächen und Menüsystemen nach Art des SAA-Standards nutzbar macht (Turbo Vision). Als praktisches Beispiel wurde gleich der Editor (inzwischen zur IDE - *integrated development environment* oder integrierte

---

Entwicklungsumgebung - gereift) mit Hilfe dieser Routinen programmiert. Damit müssen nun auch die Anhänger von Turbo Pascal nicht mehr auf die Benutzung einer Maus, ausgefeilte Pull-Down-Menüs und Dialogboxen verzichten.

Das Sprachkonzept von Pascal

Pascal wurde nach dem französischen Mathematiker und Philosophen *Blaise Pascal* (1623-1662) benannt und in den Jahren 1968 bis 1971 an der ETH Zürich von N. Wirth als Lehrsprache entwickelt, hat aber inzwischen weit über den schulischen Bereich hinaus an Bedeutung gewonnen. Ziel des Entwicklungskonzeptes war es, eine Sprache zu "erfinden", die

- auf wenigen, grundlegenden Konzepten aufbauend
- einfache, übersichtliche Sprachkonstruktionen und
- einfache sprachliche Regeln (Syntax) aufweist und
- mit einem einfachen Compiler
  effizienten Maschinencode erzeugt.

Computer können lediglich einfache Operationen ausführen, die ihnen ein Programmierer in Form von Zahlencodes Schritt für Schritt vorgeben muß. Die ausgesprochen unmenschliche Arbeit, Programme im sogenannten Maschinencode zu entwerfen, führte bald zum Einsatz von Assemblern, selbst Programme, die leichter zu merkende Kurzbefehle in die Zahlenketten des Prozessors übersetzten. Die konsequente Fortentwicklung dieser Idee sind die höheren Programmiersprachen, die z. T. sehr komplexe Operationen in einem einzigen Befehl zusammenfassen. Im Bereich der Kleincomputer ist das vor allem BASIC, das allerdings noch sehr von der Vorgehensweise auf Prozessorebene, d.h. von langen Befehlsketten und Sprunganweisungen geprägt ist (der berüchtigte "Spaghetti-Code").

Das Sprachkonzept von Pascal orientiert sich dagegen mehr an der menschlichen Vorgehensweise, komplexe Probleme systematisch in kleinere und leichter zu handhabende Teile zu zerlegen. Die Stichworte lauten:

- *strukturierte Programmierung:* Zusammenfassung von Anweisungen in Prozeduren und Funktionen bzw. von Datengruppen in komplexen Datentypen, die Lesbarkeit und Fehlerkorrektur erleichtern, und

---

- *Top Down Entwurf:* Der Programmierer zerlegt seine Aufgabe in Teilprobleme, ohne sich zunächst um die Realisierung auf der unteren Ebene zu kümmern.

Die *objektorientierte Programmierung* geht noch einen Schritt weiter: Die Daten werden mit den zugehörigen Anweisungen zur Verarbeitung in einem Objekt zusammengefaßt *(Datenkapselung)*, so wie zu dem Datum "Mensch" die Funktion "gehen" gehört. Deren Eigenschaften sind darüber hinaus *vererbbar*, also übertragbar auf andere Objekte, wobei sich die genaue Bedeutung nach den speziellen Erfordernissen richten kann (*Polymorphismus* - Vielgestaltigkeit), denn schließlich "gehen" z.B. Uhren nicht auf zwei Beinen.

Die Einflüsse von Pascal auf neue BASIC-Dialekte nehmen immer mehr zu; einige dieser BASIC-Dialekte lassen sich inzwischen eher als "Pascal mit BASIC-Bezeichnern" charakterisieren, aber auch in die Sprache C werden zunehmend Elemente des Pascal-Konzepts integriert. Allgemein herrscht die Tendenz, daß sich die traditionellen (prozeduralen) Hochsprachen mehr und mehr einander nähern.

Der Befehlsumfang von (Standard-)Pascal ist relativ klein und leicht erlernbar, denn Sie sollen die Sprache ja nach Ihren Vorstellungen erweitern. Zudem bietet gerade Turbo Pascal einen derart erweiterten Sprachumfang, daß Ihnen auch hier eine Vielzahl von fertigen Befehlen bzw. Befehlsbibliotheken zur Verfügung stehen. Durch die weite Verbreitung dieses Compilers entstand (und entsteht) gleichzeitig eine Vielzahl von Unterprogrammsammlungen und "Toolboxen" (Werkzeugkisten), die Sie zusätzlich zu dem Compiler erwerben können. Hier finden Sie Routinen für nahezu alle Anwendungsbereiche, ohne das Rad jedesmal neu erfinden zu müssen.

Das vorliegende Buch ist die überarbeitete Version des Einsteigerseminars von G. Franken, dem ich an dieser Stelle für die Überlassung des Manuskripts danken möchte.

Die Entwicklungsumgebung

Bevor wir uns mit dem ersten Beispielprogramm beschäftigen und auf die Bedienung der integrierten Benutzeroberfläche sowie den Umgang mit dem Editor eingehen, zunächst einige einleitende Bemerkungen zur Installation von Turbo Pascal. Im folgenden gehen wir davon aus, daß Sie Turbo Pascal entsprechend den Vorschlägen des Installationsprogramms, also im Verzeichnis »C:\TP«, auf der Festplatte installiert haben.

Zudem sollten Sie das Turbo Pascal-Verzeichnis mit in die PATH-Anweisung in der AUTOEXEC.BAT aufgenommen haben, so daß Sie die integrierte Entwicklungsumgebung (IDE - *Integrated Development Environment*) von jedem Verzeichnis Ihrer Festplatte aus aufrufen können. In der Startdatei AUTOEXEC.BAT Ihres Rechners sollte dementsprechend eine Zeile wie die folgende enthalten sein, in der auch das Verzeichnis C:\TP aufgeführt wird.

PATH C:\DOS;C:\;C:\DOS\BATCH;C:\WORD;C:\TP

Hinweis: Denken Sie daran, daß Änderungen der Datei AUTOEXEC.BAT erst wirksam werden, wenn Sie den Rechner neu starten!

Aufruf der integrierten Entwicklungsumgebung

Wechseln Sie zunächst, sofern erforderlich, zur Festplatte und in das Unterverzeichnis TP, indem Sie

```
C:
CD TP
```

eingeben. Für die Dateien, die Sie bei der Arbeit mit dem vorliegenden Buch erzeugen, sollten Sie ein eigenes Unterverzeichnis auf der Festplatte anlegen. Mit dem DOS-Kommando

```
MD SEMINAR
```

legen Sie z. B. ein Verzeichnis mit dem Namen »SEMINAR« an. Wechseln Sie anschließend mit

---

in dieses Verzeichnis. Der Aufruf der integrierten Entwicklungsumgebung (der Datei mit dem Namen "TURBO.EXE") erfolgt durch Eingabe von

TURBO «ENTER».

Anschließend sehen Sie, wenn Sie Turbo Pascal erstmals aufrufen bzw., wenn an den Voreinstellungen der integrierten Entwicklungsumgebung (IDE) nichts geändert worden ist, den Eingangsbildschirm von Turbo Pascal vor sich.

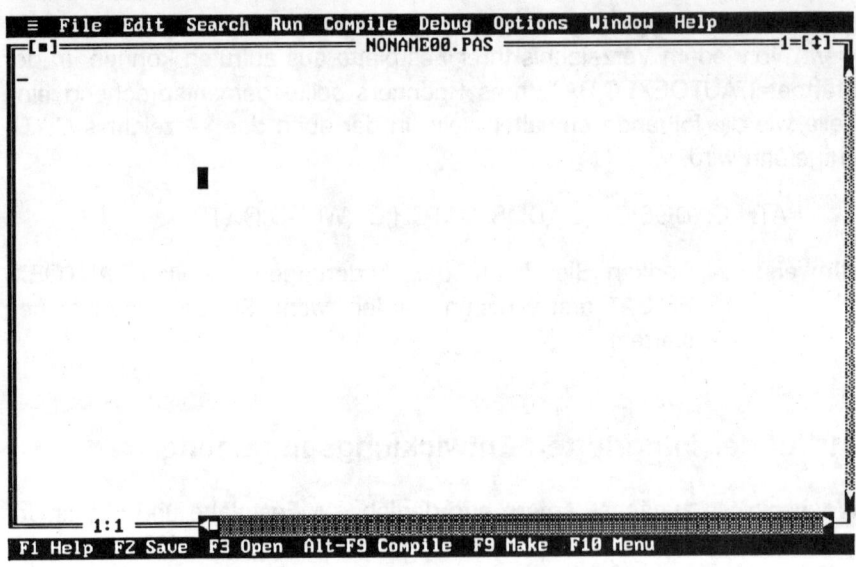

Die Bildschirmbereiche der IDE

Zunächst wollen wir uns einen kurzen Überblick über die verschiedenen Bildschirmbereiche der integrierten Entwicklungsumgebung von Turbo Pascal verschaffen. Probieren Sie den Aufruf der Menüs aus, um sich mit der Benutzeroberfläche der integrierten Entwicklungsumgebung vertraut zu machen. Der Bildschirm läßt sich in folgende Bereiche einteilen:

Das Hauptmenü

Das Hauptmenü wird nach dem Aufruf der integrierten Entwicklungsumgebung mit der Funktionstaste «F10» oder direkt durch Anfahren mit dem Mauszeiger aktiviert. Es enthält die folgenden neun Auswahlmöglichkeiten:

≡, File, Edit, Search, Run, Compile, Debug, Options, Window, Help

Den entsprechenden Menüpunkt erreichen Sie durch die Pfeiltasten oder durch Eingabe des hervorgehobenen Buchstabens. «ENTER» öffnet das jeweilige Untermenü bzw. aktiviert den jeweils unterlegten Menüpunkt, «ESC» verläßt die Menüebene ohne Veränderungen.

Die Arbeitsfläche (Desktop)

Auf der Arbeitsfläche ist jetzt ein Fenster geöffnet, das oben den Titel "NONAME00.PAS" und in der rechten oberen Ecke die Fensternummer 1 trägt. Geübte Mausbenutzer werden am rechten und unteren Rand die Rollbalken erkennen, mit denen man durch den Text blättern kann: Anklicken der Pfeile bewegt das Fenster um eine Zeile, der schattierten Bereiche um eine Bildschirmseite wie die Tasten «BildAuf» und «BildAb». Jedes Fenster können Sie auch schließen, hier mit einem Mausklick auf das Schließfeld links oben, mit «ALT-F3» oder über das Menü Window. Im übrigen verhält sich das Fenster wie ein normales Textverarbeitungssystem, doch dazu später.

Die Referenzzeile

Die Referenzzeile, die sich in der untersten Zeile des Bildschirms befindet, zeigt einige wichtige Tastenbefehle an und gibt bei geöffneten Menüs eine kurze Erklärung der jeweils angewählten Option.

Hinweis: Wenn Sie mit Turbo Pascal 5.0 oder 5.5 arbeiten, fehlen im Hauptmenü die Optionen "Search", "Window" und "Help". Die Arbeitsfläche ist in zwei feste Fenster "Edit" und "Watch" geteilt, zwischen denen mit "F6-Switch" umgeschaltet wird. Abgesehen von der etwas anderen Aufteilung und der fehlenden Mausunterstützung ändert sich an der Funktion der IDE nichts wesentliches.

Einstellungen kontrollieren

Da wir Turbo Pascal über einen gesetzten Pfad aufrufen wollen, sollten wir einige Einstellungen im Menüsystem vornehmen bzw. kontrollieren. Gleichzeitig wollen wir dafür sorgen, daß bei einem Aufruf der integrierten Entwicklungsumgebung automatisch der Zustand beim Verlassen wiederhergestellt und die zuletzt bearbeitete Datei in den Editor geladen wird. Dabei lernen Sie, wie Sie sich durch die Menüs bewegen und dort Eintragungen ändern bzw. vornehmen können.

Zunächst einmal gilt es, das Menü »Options« zu aktivieren. Dies können Sie durch Drücken von «F10» und anschließendem Eintippen des Anfangsbuchstabens «O» oder aber schneller über die Tastenkombination «ALT-O» erreichen. («ALT»-Taste drücken und festhalten und «O» eintippen.)

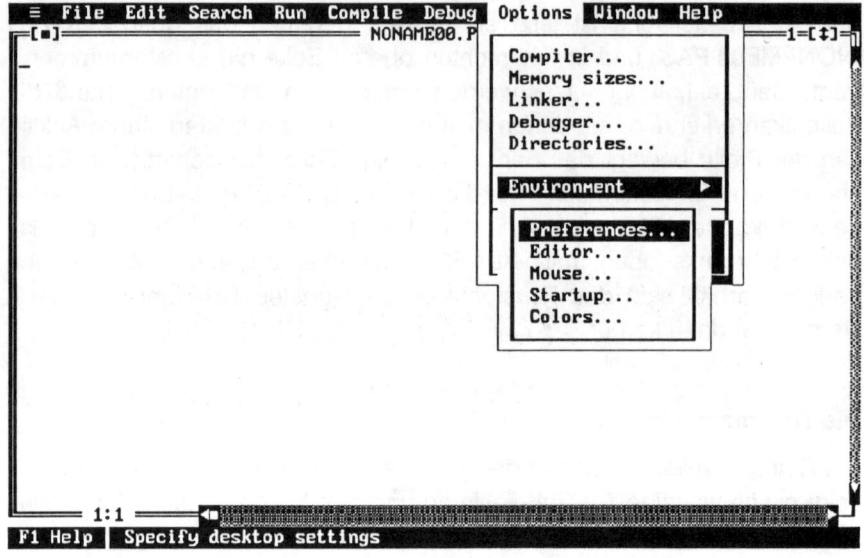

Hinweis: Die Schreibweise «ALT-O» werden wir auch im folgenden abkürzend benutzen, wenn über Tastenkombinationen bestimmte Aktionen durchgeführt werden sollen. «ALT-O» bedeutet, daß Sie die «ALT»-Taste drücken, festhalten und, nachdem Sie den Buchstaben «O» getippt haben, wieder loslassen. Im englischen Sprachraum, der immer für griffige

---

Formulierungen gut ist, werden solche Tastenkombinationen, mit denen Sie bestimmte Aktionen direkt auslösen können, mit "Hot Key" ("Heiße Taste") bezeichnet, meist übersetzt mit "Direktkommando".

Einstellungen an der Entwicklungsumgebung werden unter »Environment« vorgenommen, also können Sie den Anfangsbuchstaben «E», die Pfeiltasten und anschließend «Enter» oder natürlich die linke Maustaste verwenden. Der Pfeil in diesem Feld weist auf ein weiteres Untermenü hin, in dem Sie Ihre Vorlieben unter »Preferences« angeben können. Hinter »Preferences« stehen drei Punkte, die eine Dialog-Box ankündigen. Uns interessieren die Markierungsfelder unter »Auto save«. Ohne Maus erreichen Sie sie, indem Sie mit der «TAB»-Taste so lange durch die Box wandern, bis Sie im richtigen Feld sind und dann mit den Pfeiltasten den Punkt »Desktop« auswählen. Schneller geht es wieder mit «ALT» zusammen mit dem hervorgehobenen Buchstaben. Mit der Leertaste (oder der linken Maustaste) schalten Sie die Option dann ein (oder aus).

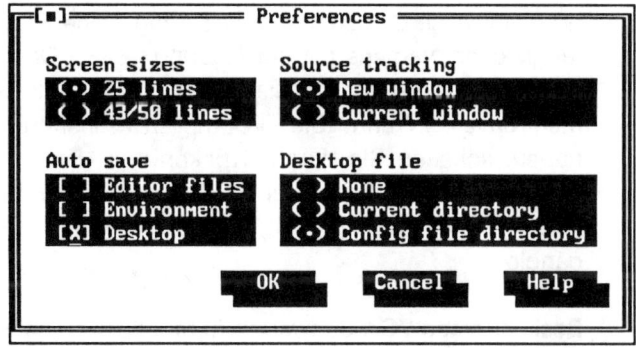

Mit dem Kreuz vor dieser Option veranlassen wir die IDE, wenn Sie ordnungsgemäß verlassen wird, die jeweilige Konfiguration (geladene Dateien, Zustand der Bildschirmfenster usw.) automatisch in der Datei TURBO.DSK zu speichern. Im Markierungsfeld rechts »Desktop file« wird festgelegt, ob überhaupt und wenn, wo diese Datei abgelegt wird. Kontrollieren Sie, ob der Punkt vor »Config file directory« (das ist in der Regel Ihr Unterverzeichnis C:\TP) steht und korrigieren Sie gegebenenfalls. Bestätigen Sie diese Auswahl nach dem Vergleich mit der Abbildung mit «ENTER», «ALT-K» für "OK" oder indem Sie den entsprechenden Schalter mit der Maus betätigen.

Damit uns diese Einstellung erhalten bleibt, müssen wir sie noch speichern. Das geschieht wieder im »Optionen«-Menü unter »Save«. Hier treffen Sie zum ersten Mal auf Eingabefelder und Listen, die sich in diesem Fall auf die Auswahl der richtigen Datei beziehen. Auch hier gelten die gleichen Regeln wie oben: Mausbenutzer wählen direkt und blättern mit Rollbalken, Tastaturverwender wechseln die Felder mit «TAB» (bzw. «Umsch-TAB» für die andere Richtung) oder «ALT-Buchstabe». Wir bestätigen zunächst nur die Vorgabe »TURBO.TP«.

Aufgabe: Kontrollieren Sie selbständig den Menüpunkt »Compile/Destination«. Steht dort »Memory«, liegt das vom Compiler übersetzte Programm im Arbeitsspeicher und kann nur aus der IDE heraus ablaufen. Das macht die Entwicklungsarbeit sehr schnell, liefert aber keine unabhängig von Turbo Pascal lauffähigen Programme. Wenn Sie Ihr erstes Produkt nach dem Testlauf von der DOS-Ebene aus starten wollen, stellen Sie dort »Disk« ein. Sie erhalten dann neben der Datei mit dem "Quelltext", also ihrem Turbo Pascal-Text, die normalerweise die Endung ".PAS" trägt, eine Programmdatei gleichen Namens mit der Endung ".EXE". Das Vorgehen ist dabei analog zu der Darstellung bei »Options/Environment/Save«: Wenn Sie »Compile/Destination« markiert haben, schalten Sie durch Drücken von «Enter» zwischen der Compilierung im Speicher (»Memory«) und der auf Diskette (»Disk«) um. Machen Sie den Vorgang wieder rückgängig.

Hinweis: Besitzer eines VGA-Schwarzweiß-Monitors erhalten ein besseres Bild, wenn sie unter "Options/Environment/Startup" die Options "LCD color set" wählen. Die Einstellung wird erst beim nächsten Aufruf von Turbo Pascal wirksam!

Programmeingabe und Korrektur

Nun geht's aber wirklich los! Verlassen Sie die Menüebene nötigenfalls mit der "War-alles-nur-Spaß-Taste" «ESC». Sie befinden sich dann wieder im Editor, und der blinkende Cursor weist darauf hin, daß Sie nun einen Text eingeben können.

Vielleicht haben Sie sich auch schon darüber geärgert, daß die meisten Computer sich bestenfalls mit einem Schnarren des Laufwerks und unfreundlichen Meldungen über Systeme, Erweiterungen und ähnliche Dinge melden. Wir wollen versuchen, das zu ändern. Geben Sie jetzt den folgenden kurzen Programmtext über die Tastatur ein, wobei Sie statt "Hans" natürlich Ihren Namen nehmen:

```
PROGRAM Hallo;
BEGIN
   WriteLn ('Hallo, Hans!');
   WriteLn;
   WriteLn ('Ich hoffe, wir werden gut');
   WriteLn ('zusammenarbeiten.');
END.
```

Sollten Sie sich dabei vertippen, setzen Sie die Schreibmarke mit den Richtungstasten (oder den Pfeiltasten innerhalb des numerischen Tastaturblocks, die Sie gegebenenfalls durch Betätigung der Taste «NUM» bzw. «NUM LOCK» umschalten müssen) auf das Zeichen, das Sie löschen wollen, und entfernen Sie dieses durch Betätigung der Taste «DEL». (Die entsprechenden Bezeichnungen für diese Taste auf deutsch beschrifteten Tastaturen lauten: «ENTF» oder auch «LÖSCH».) Schließen Sie die einzelnen Zeilen durch Betätigung der «ENTER»-Taste ab, und achten Sie besonders auf die verschiedenen Sonderzeichen (Punkt, Semikolon und das einfache Hochkomma), die Sie keinesfalls verwechseln dürfen, da der Compiler überaus sensibel ist und ansonsten aus Ihren Eingaben "nicht mehr schlau werden" kann.

Hinweise: Das Zeichen »'« ist auf vielen älteren Tastaturen eine sogenannte "Tottaste". Wenn Sie ein »'« auf den Bildschirm bringen wollen, müssen Sie zunächst das Zeichen der entsprechend beschrifteten Taste und anschließend ein Leerzeichen eintippen. Übrigens ist es auch wichtig, daß Sie die

---

mit »'« und »'« bezeichnete Taste allein, also ohne die Umschalttaste «SHIFT» betätigen, um nicht das falsche Zeichen zu erhalten. Erweiterte Tastaturen weisen zusätzlich eine mit »#« und »'« beschriftete Taste auf, über die das einfache Hochkomma normal zu erhalten ist.

Wir gehen hier nur auf die grundlegenden Möglichkeiten der Korrektur ein. Weitere Ihnen zur Verfügung stehende Tastenkombinationen zum Bewegen im Editor, zum Löschen und Kopieren entnehmen Sie bitte dem Anhang "Editorkommandos". Wordstar-Benutzer können die ihnen bekannten Kommandos verwenden.

Speichern

Bevor wir uns unserem ersten Programm etwas eingehender widmen, speichern Sie es zunächst einmal ab. Benutzen Sie dazu der Einfachheit halber die Funktionstaste mit der Beschriftung «F2». Tragen Sie in dem sich anschließend öffnenden Eingabefenster "hallo" (ob in Klein- oder Großbuchstaben ist hier gleich) als Dateinamen ein, und betätigen Sie die «ENTER»-Taste.

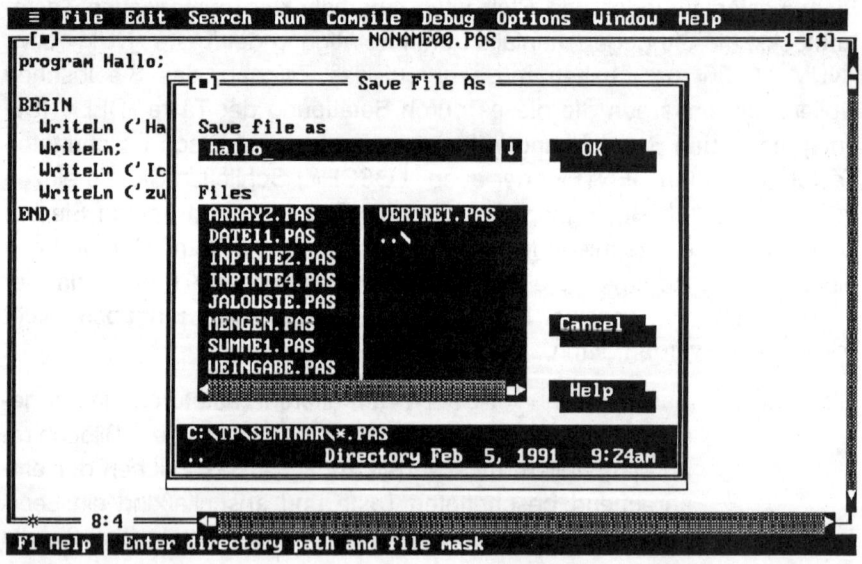

Einsteigerseminar Turbo Pascal

Damit haben Sie Ihren Programmtext in einer Datei mit dem Namen "HALLO.PAS" auf Ihrer Festplatte im Inhaltsverzeichnis "SEMINAR" gespeichert. Die Erweiterung ".PAS" hängt Turbo Pascal dabei selbständig an Ihre Eingabe an, sofern Sie nichts anderes festlegen.

Hinweise: Um eine Datei mit dem Namen »HALLO« ohne Erweiterung zu erhalten, müssen Sie »HALLO.« mit einem abschließenden Punkt eingeben.

Anstatt die Funktionstaste «F2» zu verwenden, können Sie das Abspeichern einer Datei auch über die Anfangsbuchstaben der entsprechenden Menüpunkte »File/Save«, also die Tastenkombination «ALT-F-S» veranlassen.

Starten des Programms

Betätigen Sie jetzt die Tastenkombination «CTRL-F9». Diese steht abkürzend für den Aufruf des Menüs »Run« ("RUN" bedeutet etwa "Ablaufen lassen") und anschließender Auswahl von »Run«. Mit «CTRL-F9» veranlassen Sie Turbo Pascal, Ihr Programm zu übersetzen und zu starten.

Sollten in Ihrem Programm noch Tippfehler enthalten sein, zeigt der Compiler dies durch eine entsprechende Fehlermeldung ("ERROR: ...")in der dritten Bildschirmzeile an. Vergleichen Sie dann Ihre Eingaben nochmals mit dem oben abgedruckten Programmtext, und nehmen Sie die notwendigen Korrekturen selbständig vor. Sollten Sie die Meldung "Unexpected End of File" – "Unerwartetes Ende der Datei" – erhalten, liegt das wahrscheinlich daran, daß Sie den abschließenden Punkt vergessen haben. Das Vergessen dieses Punkts am Ende eines Pascal-Programms ist übrigens ein beliebtes Versäumnis, das bei älteren Compilern oft völlig unschlüssige Fehlermeldungen hervorgerufen und schon manchem Programmierer schlaflose Nächte beschert hat.

Starten Sie das Programm nach erfolgter Korrektur mit «ALT-R-R» erneut, und speichern Sie die letzte Version mit Hilfe der Funktionstaste «F2» ("Sichern") ab. Wenn Ihr Programm korrekt arbeitet, sollte es Ihnen den Text

---

Hallo, ******!

Ich hoffe, wir werden gut
zusammenarbeiten.

auf dem Bildschirm anzeigen. Nur, davon sehen Sie zunächst recht
wenig, da die IDE mit mehreren "logischen Bildschirmen" arbeitet.
Nachdem das Programm ausgeführt worden ist, schaltet Turbo Pascal
sofort wieder in den Editor zurück, so daß Sie lediglich Ihren Programmtext wieder vor sich sehen. Daher müssen wir klären, wie Sie sich den
Inhalt des Ausgabebildschirms, auf dem das Ergebnis des Programmlaufs
angezeigt wird, sichtbar machen können.

Öffnen Sie mit Hilfe der Tastenkombination «ALT-W» das Menü «Window»:
Dort finden Sie den Eintrag »User screen« ("Benutzerbildschirm") mit dem
anschließenden Vermerk der heißen Tastenkombination («ALT-F5»), die
Sie alternativ verwenden können. Betätigen Sie, sofern das Menü
»Window« noch geöffnet ist, das »U«, um sich das Ergebnis Ihres Pro-
grammlaufs anzeigen zu lassen, oder verwenden Sie die angesprochene
Tastenkombination «ALT-F5». Verlassen Sie anschließend den Benut-
zerbildschirm wieder durch Betätigung einer beliebigen Taste.

Nehmen Sie gegebenfalls noch notwendige Korrekturen oder Verbesserungen an Ihrem Programm selbständig vor, und speichern Sie die letzte
Fassung mit Hilfe der Taste «F2» ab.

Der Aufbau des Beispielprogramms

Auch wenn es sich bei unserem Beispiel noch um ein recht einfaches Programm handelt, enthält es schon sehr viele typische Pascal-Elemente.

Programmkopf

Das Programm beginnt mit einer Zeile, die als "Programmkopf" bezeichnet
wird: "PROGRAM Hallo;". Der Programmkopf kann in Turbo Pascal entfallen, jedoch ist es üblich, jedem Programm einen "sprechenden" Titel zu
geben, aus dem auf den ersten Blick ersichtlich wird, was das Programm

macht. (Achten Sie darauf, daß Sie "program" mit nur einem "M" schreiben. Dies entspricht der englischen Schreibweise.) Hierher gehören später auch genauere Kommentare, Hinweise auf den Programmierer, die Version etc.

Bezeichner

Auf "PROGRAM" folgt ein Leerzeichen, mit dem die beiden Wörter voneinander getrennt werden. Daran schließt sich der Name, den wir dem Programm gegeben haben, an. Dieser Name stellt einen sogenannten *Bezeichner* dar. Bezeichner sind Namen, die Sie für verschiedene Programmelemente (Prozeduren, Funktionen, Konstanten, Variablen und Datentypen) weitgehend frei vergeben können. Bezeichner müssen allerdings den folgenden Regeln genügen:

- Bezeichner müssen mit einem Buchstaben oder einem Unterstrich "_" beginnen.

- Turbo Pascal unterscheidet im Programmtext nicht zwischen Groß- und Kleinbuchstaben. Sie können also ohne weiteres "Writeln", "WriteLn" oder auch "wRiTeLn" schreiben. Der Compiler behandelt diese drei Schreibweisen völlig gleich.

- Ab dem zweiten Zeichen können Sie sowohl Ziffern [0..9] als auch Buchstaben verwenden.

- Das Leerzeichen trennt zwei verschiedene Bezeichner. Wollen Sie einen Bezeichner aus zwei Wörtern zusammensetzen, benutzen Sie entweder Groß-/Kleinschreibung oder den Unterstrich ("LiesText" oder "Lies_Text", nicht aber "Lies Text") .

- Sonderzeichen, wie z.B. die deutschen Umlaute "ä", "ö" und "ü" sowie das "ß" dürfen in Bezeichnern generell nicht verwendet werden. (Anders ausgedrückt: Verwenden Sie in Bezeichnern nur "normale" Buchstaben, die Ziffern und den Unterstrich. Alle anderen Zeichen haben entweder eine spezielle Bedeutung oder gehören zu den Grafikzeichen.)

- *Reservierte Wörter*, wie "BEGIN", "END" oder "PROGRAM" dürfen nicht als Bezeichner verwendet werden (vgl. Anhang).

- Die Namen der Bezeichner dürfen beliebig lang sein, jedoch finden bei der Unterscheidung verschiedener Bezeichner "lediglich" die ersten 63 Zeichen Berücksichtigung.

Darüber hinaus sollte man sich einige Dinge zur Regel machen, die die Lesbarkeit und Korrigierbarkeit von Programmen verbessern:

- Verwenden Sie möglichst Bezeichner, die deutlich machen, was gemeint ist, also nicht "LT", sondern "Lies_Text". Keine Angst vor zuviel Schreibarbeit; der Turbo-Editor bietet Möglichkeiten, Texte zu kopieren.

- Alle Strukturen, die Turbo-Pascal anbietet, tragen englische Bezeichner (s.u.). Sie können sie leicht von Ihren selbstdefinierten Elementen unterscheiden, wenn Sie für diese deutsche Bezeichner wählen, auch wenn das Programm dann ein fürchterliches deutsch-englisches Kauderwelsch wird ("if Abbruch then Programmende else Abfrage").

Kommen wir wieder auf unser kleines Beispielprogramm zurück. Das Wort "PROGRAM" und der vergebene Name stellen eine abgeschlossene Anweisung dar. Einzelanweisungen müssen durch ein Semikolon ";" abgeschlossen werden. Achten Sie immer besonders darauf, daß Sie kein Semikolon vergessen. Der Punkt markiert das Programmende.

Hauptprogramm

An den "Programmkopf" des Beispiels schließt sich direkt das "Hauptprogramm" an, das von "BEGIN" und "END." eingeklammert werden muß. Auf den Punkt hinter dem "END" wurde schon hingewiesen. Er signalisiert dem Compiler das Ende eines in sich abgeschlossenen und damit für sich compilierbaren Anweisungsblocks, also eines Programms (oder eines Moduls bzw. eines Units). Anweisungen, die im Quelltext nach einem "END." stehen, werden vom Compiler ignoriert.

Das "Hauptprogramm", bzw. der "Anweisungsteil" unseres Programms besteht nur aus wenigen Anweisungen:

```
WriteLn ('Hallo, Hans!');
WriteLn;
WriteLn ('Ich hoffe, wir werden gut');
WriteLn ('zusammenarbeiten.)';
```

"WriteLn" (WRITE LiNe) ist eine Standardprozedur, mit deren Hilfe Sie Zahlen und/oder Texte ausgeben können. Wenn Sie diese Anweisung übersetzen, bedeutet sie sinngemäß: "Gib die Zeichenkette (den *String*)

'Hallo Hans' auf dem Bildschirm aus, und führe anschließend einen Zeilenvorschub durch". Den Zeilenvorschub veranlassen Sie über das Kürzel "Ln". Entsprechend gibt die Standardprozedur "Write" Zahlen und/oder Texte ohne abschließenden Zeilenvorschub aus. Nach einem "WriteLn" beginnt jede weitere Ausgabe am Anfang einer neuen Zeile, nach "Write" schließt die nächste Ausgabe direkt an die vorhergegangene an, befindet sich also, sofern noch genügend Platz vorhanden ist, in der gleichen Zeile. "Writeln" ohne Argument gibt nur das Steuerzeichen für Zeilenvorschub aus. Den Anweisungen "Write" und/oder "WriteLn" werden Sie in nahezu jedem Pascal-Programm begegnen.

Die Klammern umschließen die Angabe darüber, was ausgegeben werden soll, das *Argument* der Prozedur. Damit der Compiler die Wörter "Hallo" und "Hans" nicht wieder als Bezeichner für andere Daten versteht, sondern direkt ausgibt, stehen sie zwischen Hochkommata. Damit ist die Anweisung vollständig und wird mit dem obligatorischen Semikolon abgeschlossen.

Ein weiteres typisches Merkmal für Pascal-Programme sind die Einrückungen, durch die zusammengehörige Programmteile auch optisch hervorgehoben werden. In der Regel wird jede "Ebene" jeweils mindestens zwei Zeichen weiter eingerückt. Dadurch erreichen Sie, daß auch bei größeren Programmen sofort erkennbar wird, welches "END" zu welchem "BEGIN" gehört. Der Editor erleichtert Ihnen diese Aufgabe, indem er nach jedem «ENTER» die neue Zeile direkt unter der darüberliegenden beginnt. Die «Rück»-Taste am Anfang der neuen Zeile führt den Cursor zur letzten Einrückebene zurück.

Hinweis: Einrückungen dienen der besseren Lesbarkeit der Programme durch den *Menschen*. Da Pascal-Compiler formatfrei arbeiten, ist es ihnen völlig egal, ob Sie eine oder mehrere Anweisungen in eine einzige Zeile "quetschen" oder aber durch eine große Anzahl von «Enter»-Tastendrücken voneinander absetzen. Um dies etwas deutlicher zu machen, könnten Sie unser Beispielprogramm auch ohne weiteres folgendermaßen schreiben:

```
program hallo; begin writeln ('Hallo, Hans!');
writeln; writeln ('Ich hoffe, wir werden gut');
writeLn ('zusammenarbeiten.');end.
```

So sollten Sie es aber *nicht* machen!

Anweisungen

Kommen wir noch einmal auf das Semikolon zurück, mit dem Sie das Ende einzelner Anweisungen markieren. Das Setzen des Semikolons ist notwendig, damit der Turbo Pascal-Compiler erkennt, wo eine Anweisung aufhört und die nächste beginnt. Da Pascal eine "formatfreie" Sprache ist, können sich einzelne Anweisungen ohne weiteres über mehrere Zeilen erstrecken. Durch das Semikolon teilen Sie Turbo Pascal also an den Stellen, an denen dies notwendig ist, mit, welche Teile logisch zusammengehören. Das reservierte Wort BEGIN leitet immer einen kompletten Anweisungsblock ein und wird deshalb *nie* von einem Semikolon begleitet.

"Formatfrei" bedeutet auch, daß Sie in Pascal keine Zeilennummern einzugeben brauchen. Dies wird Ihnen, wenn Sie schon einmal in BASIC programmiert haben, sicherlich sofort aufgefallen sein.

Die integrierte Hilfestellung

Falls Sie einmal nicht genau wissen, wie der Name einer Prozedur lautet oder welche Argumente verlangt sind, haben Sie innerhalb der IDE die Möglichkeit, Hilfestellung über die Funktionstaste «F1» anzufordern. Diese Hilfestellung ist "kontextsensitiv", d.h. Sie erhalten Hilfstexte jeweils zu dem Auswahlpunkt, den Sie mit dem Cursor markiert bzw. unterlegt haben. Meist können Sie über Auswahl mit den Pfeiltasten und anschließendem Drücken der Taste «RETURN» weitere Hilfspunkte auswählen, um zusätzliche Informationen abzurufen. Nehmen Sie die integrierte Hilfestellung möglichst intensiv in Anspruch. Häufig ersparen Sie sich dadurch das Nachschlagen im Buch oder Handbuch.

Innerhalb des Turbo Pascal-Editors können Sie außerdem durch Drücken der Tastenkombination «CTRL-F1» oder der rechten Maustaste (sofern Sie bei »Environment/Mouse« nichts anderes eingestellt haben) gezielt Informationen über das Schlüsselwort anfordern, auf dem sich gerade der Cursor befindet. Bewegen Sie dazu den blinkenden Unterstrich einmal auf irgendein Zeichen von »WriteLn« oder direkt dahinter, und drücken Sie «CTRL-F1» bzw. «STRG-F1». Sie erhalten sofort gezielte Hilfsinformationen zu dieser Pascal-Prozedur.

Sollte sich der Cursor nicht auf einem der vordefinierten Schlüsselwörter befinden, wenn Sie die Tastenkombination «CTRL-F1» drücken, erhalten Sie eine allgemeine Mitteilung, von der ausgehend Sie Verzeichnisse der Prozeduren und Funktionen erreichen können, so daß Sie auf diese Art und Weise auch die Möglichkeit haben, nach Ihnen nicht so ganz geläufigen Befehlen zu suchen.

Wenn Sie die Hilfestellung bereits aktiviert haben und nochmals «F1» drücken, wird Ihnen das Hilfeinhaltsverzeichnis angezeigt. Ab der Compilerversion 5.5 haben Sie zudem die Möglichkeit, die angezeigten Hilfetexte in den Text des Editors zu übernehmen. Dazu drücken Sie bei aktivierter Hilfestellung die Taste «Shift» (bei Turbo Pascal 5 «C» (Copy)) und markieren anschließend den gewünschten Text mit den Pfeiltasten. Vielleicht haben Sie bemerkt, daß das Hilfefenster in der rechten oberen Ecke die Nummer 2 trägt. «ALT-1» bringt Sie zurück in Ihr Programmfenster, wo nach Betätigung von «Shift-Einfg» («Enter» bei Version 5) oder über das Menü »Edit/Paste« der markierte Text an der Cursorposition eingefügt wird. Ein solches Vorgehen ist z. B. sinnvoll, um die Erläuterungen aus der Hilfestellung in Kommentare des Quelltextes im Editor zu übernehmen. (Natürlich können Sie so auch die Beispielprogramme der Hilfestellung von Turbo Pascal in den Editor übernehmen und ausprobieren.)

Verlassen der integrierten Entwicklungsumgebung

Verlassen Sie abschließend die integrierte Entwicklungsumgebung, indem Sie die Tastenkombination «ALT-X» verwenden. Alternativ dazu können Sie auch «ALT-F-Q» benutzen, indem Sie die Anfangsbuchstaben von »File/Quit« benutzen.

Zusammenfassung

Sie haben in diesem Abschnitt die grundlegende Bedienung der integrierten Entwicklungsumgebung von Turbo Pascal kennengelernt. Sie wissen, wie Sie diese aufrufen und wie Sie die integrierte Hilfestellung in Anspruch nehmen können.

Sie haben bereits Ihr erstes kleines Programm eingegeben, compiliert und gestartet. Dadurch haben Sie eine der herausragenden Eigenschaften von Turbo Pascal kennengelernt: Turbo Pascal ist so schnell, daß Sie kaum merken, daß Sie nicht mit einem Interpreter, der die einzelnen Befehle während des Programmablaufs "simultan übersetzt", sondern mit einem Compiler arbeiten. Die üblichen Schritte von der Eingabe eines Programms bis hin zum ausführbaren compilierten Programm (Eingabe, Compilieren, Linken (Zusammenfügen der Programmteile), Ausführung des Programms) bleiben dem Programmierer weitgehend verborgen. Im Nu befinden Sie sich wieder im Editor der integrierten Entwicklungsumgebung und können gegebenenfalls notwendige Korrekturen oder Ergänzungen vornehmen.

Sie haben anhand des Beispielprogramms die elementaren Sprachregeln von Pascal kennengelernt. Sie wissen, daß Ihr kleines Beispielprogramm aus Programmkopf und Hauptprogramm bzw. Anweisungsteil besteht.

Sie kennen die Regeln, denen Bezeichner folgen müssen, und die besonderen Bedeutungen des Punkts nach dem "END" am Schluß eines Programms, des Semikolons und der einfachen Hochkommata in der »Write«- bzw. der »WriteLn«-Anweisung.

Bei den bisherigen Übungen haben Sie folgende Direktkommandos (»Hot Keys«) verwendet:

«F1»	Aufruf der integrierten Hilfestellung
«F1»«F1»	Hilfeinhaltsverzeichnis
«STRG-F1»	Hilfe zu markiertem Bezeichner anfordern
«ESC»	In den Editor wechseln
«F2»	Datei sichern
«ALT-F-S»	(File/Save)
«STRG-F9»	Programm starten
«ALT-R-R»	(Run/Run)
«ALT-F5»	Zum Benutzerbildschirm umschalten
«ALT-W-U»	(Window/User screen)
«ALT-X»	Integrierte Entwicklungsumgebung verlassen (eXit)
«ALT-F-Q»	(File/Quit)

Aufgabe

Machen Sie sich mit der integrierten Hilfestellung etwas näher vertraut. Lassen Sie sich von der Hilfefunktion darüber informieren, was es mit der Menüauswahl »File/Load« bzw. dem Hotkey »F3« auf sich hat und wie Sie die Fenster, die sich bei jedem Laden einer neuen Datei öffnen, wieder schließen können.

Lassen Sie sich die Erläuterungen zu WriteLn, BEGIN und END auf dem Bildschirm anzeigen.

Hinweis: Sollte beim erneuten Aufruf der IDE Ihr Programmtext nicht automatisch geladen werden, kontrollieren Sie noch einmal die in diesem Abschnitt angesprochenen Einstellungen.

Drucken Sie Ihr Programm aus, indem Sie »File/Print« wählen.

Für DOS-Erfahrene: Lassen Sie Ihr Programm als DOS-fähige ".EXE"-Datei compilieren. Schauen Sie nötigenfalls im Kapitel "Einstellungen kontrollieren" nach! Wenn Sie wollen, laden Sie die Datei "AUTOEXEC.BAT" (Dazu müssen Sie im Eingabebereich die Vorgabe ".PAS" in ".BAT" ändern) und fügen Sie die Zeile "c:\tp\seminar\hallo" hinzu, damit Sie in Zukunft von Ihrem Rechner freundlicher begrüßt werden.

Falls Sie beim nächsten Start Schwierigkeiten bekommen, benennen Sie die Sicherungskopie "AUTOEXEC.BAK" wieder um. Damit die Sicherungskopie auch wirklich erstellt wird, sollten Sie sich unter "Options/Environment/Editor" vergewissern, ob der Menüpunkt "Create Backup File" auch eingeschaltet ist!

Das EVA-Prinzip

Unser erstes Programm aus dem vorherigen Abschnitt machte das, was genaugenommen die meisten Programme tun: immer das Gleiche. Nur, "vernünftige" Programme verarbeiten in der Regel unterschiedliche Eingangsdaten und liefern daher unterschiedliche Ausgaben (Ergebnisse).

Unser erstes Beispiel bestand lediglich aus Anweisungen zur Ausgabe einer Zeichenkette. Es gibt genau den String (die Zeichenkette) auf dem Bildschirm aus, den Sie in der WriteLn-Anweisung zwischen den einfachen Hochkommas im Quelltext eingetragen haben. Das folgende Programm hingegen verknüpft zwei Zahlenwerte, die Sie zuvor eingeben können:

```
PROGRAM Addierer;
{ ADDIERER.PAS – Addiert zwei einzugebende ganze Zahlen }
VAR
   Zahl_1,
   Zahl_2,
   Summe     : INTEGER;

BEGIN
   Write('Erste Zahl eingeben: ');
   ReadLn(Zahl_1);
   Write('Zweite Zahl eingeben: ');
   ReadLn(Zahl_2);
   Summe := Zahl_1 + Zahl_2;
   WriteLn('Die Summe der eingegebenen Zahlen lautet: ', Summe)
END.
```

In diesem Abschnitt werden Sie in einem Beispiel die grundlegenden Elemente der *Datenverarbeitung*, Eingabe, Verarbeitung und Ausgabe (EVA-Prinzip) benutzen. Die Erweiterungen dieses Abschnittes erfolgen dementsprechend in diese Richtung, wir werden erstmals mit Eingaben, Zahlen und sogenannten *Variablen* arbeiten.

Kommentare

In der zweiten Zeile finden Sie die erste Neuerung vor: einen Kommentar. Kommentare sind für die Dokumentation von Programmen von besonderer Wichtigkeit. Hier sollten Sie all die Dinge vermerken, die für das spätere Verständnis und die Zuordnung des Programmtextes von Wichtigkeit sind. Dazu gehören unter anderem:

- der Dateiname, unter dem der Quelltext abgespeichert worden ist,

- eine Kurzbeschreibung der Funktion des Programms,

- den Namen des Programmautors,

- die verwendete Programmiersprache und deren Version,

- die Versionsnummer des Programms und das Datum der letzten Aktualisierung,

- Erläuterungen zur Bedeutung der Variablen und

- Anmerkungen zur Funktionsweise von Anweisungen bzw. Programmteilen.

Achten Sie dabei darauf, daß Sie die Kommentare so gestalten und einsetzen, daß es Ihnen auch nach einem halben Jahr noch möglich ist, das Programm mühelos zu lesen. Schreiben Sie also keinesfalls zu wenige Kommentare, achten Sie aber auch darauf, daß Sie die Lesbarkeit des Programms nicht durch eine zu große Anzahl an Kommentaren einschränken.

Kommentare werden in Pascal von den geschweiften Klammern »{« und »}« eingeschlossen. Alternativ können Sie für die öffnende Klammer »(*«, für die schließende Klammer »*)« verwenden. Dabei ist jedoch darauf zu achten, daß die Klammern immer nur paarweise verwendet werden können: Wenn Sie z. B. einen Kommentar mit »{« öffnen, werden alle Quelltextteile ignoriert, die sich vor der nächsten "geschweiften Klammer zu" befinden. Anders ausgedrückt: Wenn Sie eine Klammer geöffnet und nicht wieder geschlossen haben, wird alles, was auf die öffnende Klammer folgt, ignoriert. Falls im Programmtext gar keine schließende Klammer mehr folgt, erhalten Sie auch in diesem Fall die Ihnen schon bekannte Fehlermeldung "Unexpected End of File" ("Unerwartetes Dateiende").

Hinweise: Die geschweiften Klammern erhalten Sie auf der deutschen PC-Tastatur über die entsprechende ASCII-Nummer des Zeichens, d.h. durch Drücken und Festhalten der «ALT»-Taste und der Eingabe der entsprechenden Zahl auf dem numerischen Tastaturblock. Für die öffnende Klammer »{«

tippen Sie «1», «2» und «3», für die schließende Klammer »}« «1», «2» und «5». Erweiterte Tastaturen liefern die Zeichen mit «AltGr 7» bzw. «AltGr 0».

Innerhalb eines Kommentares darf das Dollar-Zeichen (»$«) nicht direkt an die öffnende Klammer anschließen. Durch die Zeichenfolge »{$« werden spezielle Steueranweisungen zur Übersetzung ("Compilerdirektiven") eingeleitet.

In unserem Beispiel befinden sich zwei Kommentare. Im ersten wird der Name der Datei vermerkt, in der der Quelltext gespeichert ist, im zweiten finden Sie eine kurze Erläuterung zur Funktion des Programms.

Variablen

Im Programm des vorausgegangenen Abschnitts wurde ein fester Text (eine Zeichenkette bzw. ein "String") auf dem Bildschirm ausgegeben. Es war nicht erforderlich, irgendwelche Daten während des Programmlaufs entgegenzunehmen und zwischenzuspeichern. In unserem jetzigen Beispiel sollen Eingaben über die Tastatur erfolgen, die dann weiterverarbeitet werden sollen. Dazu müssen die Eingaben in sogenannten *Variablen* zwischengespeichert werden. Diese Variablen können Werte oder Zeichen aufnehmen, die der Rechner in seinem Speicher ablegt.

Dazu müssen Sie Turbo Pascal mitteilen, unter welchem *Namen* (Bezeichner) die Werte gespeichert werden sollen, damit der Compiler im Programm weiß, wonach er suchen soll und vor allem, um welche Art von Daten, um welchen *Typ* es sich handelt. Je nachdem reserviert er dann für diese Variablen eine entsprechende Menge Speicherplatz, der beim Abarbeiten des Programmes verwendet wird, um die über die Tastatur eingegebenen Werte aufzunehmen. *Variablen* sind wie Schubladen in einem Schrank, die der Aufnahme von Gegenständen dienen. Dabei wird man für Socken und Strümpfe eine andere (größere) Schublade wählen als für Taschentücher.

In unserem Beispielprogramm finden Sie den reservierten Bezeichner »VAR« am Anfang der dritten Zeile des Quelltexts.

```
VAR
    Zahl_1,
    Zahl_2,
    Summe  : INTEGER;
```

Der Bezeichner »Var« signalisiert Turbo Pascal, daß die folgenden Namen für *Variablen* festgelegt werden. Zu jedem Variablennamen muß zusätzlich der *Datentyp* der Variablen angegeben werden. Diese Angabe benötigt der Compiler, weil unterschiedliche Datentypen in unterschiedlichen Formaten abgespeichert werden und entsprechend auch unterschiedlich viel Platz im Speicher des Rechners benötigen.

Deklaration von Variablen

In unserem Beispiel werden drei Variablen deklariert (festgelegt), bei denen es sich um ganze Zahlen handelt, also um den Datentyp "INTEGER". Achten Sie darauf, daß der Begriff "Integer" mehrdeutig verwendet wird. Turbo Pascal kennt verschiedene ganzzahlige Datentypen, die mit "Integer" als Oberbegriff bezeichnet werden, aber es gibt auch den speziellen ganzzahligen Datentyp "INTEGER".

Ganze Zahlen sind Zahlen, die keine Stellen hinter dem Komma aufweisen. Turbo Pascal verwendet übrigens entsprechend der englischen Schreibweise von Zahlen nicht ein Dezimalkomma, sondern einen Dezimalpunkt. Beispiele für ganze Zahlen sind:

1, 4711, –1001, 747 und –911.

Hinweis: Zahlen wie z. B. »3.0«, die Sie im Programmtext angeben, sind aus der Sicht des Compilers *keine* ganzen Zahlen. Hier entscheidet tatsächlich das Vorhandensein einer Nachpunktstelle und nicht deren Wertigkeit über die Zuordnung zu einem Datentyp. »3.0« ist eine "reelle Zahl" (Datentyp REAL) und wird vom Rechner bzw. dem Compiler anders verarbeitet als die ganze Zahl »3«. Wir kommen darauf später noch zurück.

Wie aus dem Beispielprogramm zu entnehmen ist, können mehrere Bezeichner für Variablen eines Datentyps durch Kommas zusammengefaßt werden. Es folgt dann ein Doppelpunkt und die Typbezeichnung.

Alternativ zu der Deklaration im Beispiel könnten Sie (unnötigerweise) auch schreiben:

```
VAR Zahl_1 :   INTEGER;
VAR Zahl_2 :   INTEGER;
VAR Summe:     INTEGER;
```

Datentypen

Wie oben schon angesprochen wurde, legen Sie mit der Vergabe des Datentyps fest, in welchem Format eine Variable gespeichert wird. Gleichzeitig bestimmen Sie ihre Wertemenge, d.h. den Bereich der zulässigen Werte. Für den Typ "INTEGER" stehen beispielsweise 2 Byte zur Verfügung, mit dem der Bereich der ganzen Zahlen von -32768 ($= -2^{15}$) bis 32767 ($= 2^{15} - 1$) dargestellt werden kann, aber keine größeren Zahlen und keine Bruchwerte. Denken Sie dabei z. B. an einen Taschenrechner, der einen "Überlauf" meldet, wenn die anzuzeigende Zahl so groß wird, daß sie mit den zur Verfügung stehenden Anzeigefeldern nicht mehr dargestellt werden kann.

Informationen zu den verschiedenen von Turbo Pascal zur Verfügung gestellten Integer-Datentypen, den von ihnen verwendeten Speicherplatz und den dadurch festgelegten Wertebereich können Sie der folgenden Tabelle entnehmen:

Typ	Wertebereich	Format
ShortInt	-128 .. 127	1 Byte mit Vorzeichen
Integer	-32768 .. 32767	2 Bytes mit Vorzeichen
LongInt	-2147483648 .. 214783647	4 Bytes mit Vorzeichen
Byte	0 .. 255	1 Byte, vorzeichenlos
Word	0 .. 65535	2 Bytes, vorzeichenlos

Hinweis: Die Obergrenzen des Wertebereichs der Datentypen INTEGER bzw. LONGINT sind in den folgenden vordefinierten *Konstanten* abgelegt, d.h. sie können in einem Programm als feste Werte unter diesem Namen abgerufen werden:

$$\text{MaxInt} \quad = 32\ 767 \qquad = 2^{15} - 1 \text{ und}$$
$$\text{MaxLongInt} = 2\ 147\ 483\ 647 = 2^{31} - 1$$

Außerdem gibt es in Turbo Pascal noch weitere Datentypen, von denen die wichtigsten REAL (reelle Zahlen, also Dezimalzahlen mit acht gültigen Stellen), CHAR und STRING (für Zeichenketten wie im ersten Beispiel) und BOOLEAN (Boolsche Werte für logische Operationen) sind. Wichtiger aber noch ist die Möglichkeit, eigene Datentypen zu definieren, die das Programmieren erheblich übersichtlicher machen, doch dazu später.

Die WriteLn-Prozedur

Damit sind wir im Hauptprogramm angelangt. Hier wollen wir zunächst auf die Ihnen schon geläufigen Prozeduren »Write« und »WriteLn« eingehen. Die beiden ersten »Write«-Anweisungen dienen lediglich dazu, dem Programmanwender Informationen auf dem Bildschirm anzuzeigen, die ihm mitteilen, was von ihm erwartet wird. Sie stellen Eingabeaufforderungen (englisch: *prompts*) dar und sorgen für eine gewisse Bedienerfreundlichkeit innerhalb von Programmen. Die abschließende »WriteLn«-Anweisung

WriteLn ('Die Summe der eingegebenen Zahlen lautet: ',Summe)

bietet Ihnen wieder etwas Neues. Hier werden mit einer »WriteLn«-Anweisung zwei Ausgaben auf dem Bildschirm gebracht. Der erste konstante Teil erläutert die Bedeutung des ausgegebenen Ergebnisses »Summe«. Es ist immer sinnvoll, einem Ergebnis einen solchen kurzen erläuternden Text voranzustellen. Ein Komma außerhalb der einfachen Hochkommas trennt den ersten auszugebenden Parameter vom zweiten ab.

»Summe« ist der Name einer von uns deklarierten Integer-Variablen, die wir innerhalb des Programms verwenden, um das Ergebnis der im Programm durchgeführten Berechnungen aufzunehmen. Beim Programmlauf wird an dieser Stelle dann der Wert ausgegeben, der sich zum Zeitpunkt der Ausgabe in der mit »Summe« bezeichneten "Schublade" befindet. Etwas abstrakter: Es wird der *Inhalt* der Variable dieses Namens und nicht der *Name* selbst ausgegeben!

»WriteLn« gibt also den (konstanten) Text 'Die Summe der eingegebenen Zahlen lautet: ' sowie den (variablen) Inhalt der Variablen »Summe« auf dem Bildschirm aus und setzt anschließend den Cursor an den Anfang der folgenden Zeile. Achten Sie im Text auf das dem Doppelpunkt folgende Leerzeichen, das die Anzeige des eigentlichen Ergebnisses der Berechnungen vom erläuternden Text absetzt.

Es können ohne weiteres mehrere Ausgaben in einer einzigen »Write« oder »WriteLn«-Anweisung ausgegeben werden. Ein Beispiel dazu:

```
WriteLn('Die Summe der Zahlen ', Zahl_1, ' und ', Zahl_2, ' lautet: ', Summe)
```

Diese Anweisung gibt – zusätzlich zum Ergebnis – die der Berechnung der Summe zugrundeliegenden Zahlen auf dem Bildschirm aus. Achten Sie besonders auf die richtige Stellung der Kommas: Wenn diese sich nämlich innerhalb der einfachen Hochkommas befinden, werden Sie als solche auf dem Bildschirm ausgegeben und nicht als Trennzeichen zwischen zwei auszugebenden Argumenten behandelt. Da Pascal eine ordentliche Sprache ist, muß jedes Zeichen an der richtigen Stelle stehen! Alle Zeichen, die sich innerhalb einer Write- oder WriteLn-Anweisung zwischen einem einleitenden und einem abschließenden »'« befinden, werden als Text auf dem Bildschirm ausgegeben.

Die ReadLn-Anweisung

Wie Sie sicherlich schon erraten haben, stellen die Prozeduren »Read« und »ReadLn« das Gegenstück zu »Write« und »WriteLn« dar. Während die einen Daten auf den Bildschirm ausgeben, nehmen die anderen Eingaben des Benutzers entgegen.

```
ReadLn(Zahl_1);
ReadLn(Zahl_2);
```

In den runden Klammern muß wie gewohnt der Name der Variablen angegeben werden, die den eingegebenen Wert aufnehmen soll. Damit übermitteln Sie dem Compiler die Informationen, die er benötigt, um die Eingabe speichern zu können. Auch hier wird durch »Ln« der Cursor nach erfolgter Eingabe an den Beginn der folgenden Zeile gesetzt.

Hinweise: Die »Read«-Anweisung sollten Sie nach Möglichkeit bei Eingaben von der Tastatur nicht verwenden, da sie, wenn sie lediglich durch Betätigung der «Enter»-Taste beantwortet wird, eine sogenannte "Endlosschleife" zur Folge hat. Ihnen bleibt dann nichts anderes übrig, als den Programmlauf durch gleichzeitiges Drücken der Tastenkombination «CTRL-BREAK» bzw. «STRG-UNTBR» abzubrechen.

»ReadLn« hat unter den gleichen Bedingungen den Nebeneffekt, daß der Cursor an den Anfang der nächsten Zeile gesetzt wird, wodurch der Bildschirm unter Umständen "hochgeschoben" wird.

Ähnlich wie bei »Write« können Sie mit »ReadLn« auch mehrere Variablen mit einer Anweisung gleichzeitig einlesen. Dann können Sie aber den einzelnen Angaben keine erläuternden Texte mehr voranstellen. Zudem muß der Programmbenutzer wissen, daß er die verschiedenen einzugebenden Werte durch Leerzeichen voneinander abgrenzen muß.

Operatoren

Zuweisungen

Damit sind wir bei der letzten Anweisung des Beispielprogramms angelangt:

Summe := Zahl_1 + Zahl_2;

Diese Anweisung erklärt sich weitgehend von selbst. Das Rechenzeichen (der *Operator*) »+« dürfte Ihnen allen bekannt sein. In der Anweisung werden »Zahl_1« und »Zahl_2« addiert. Etwas ungewöhnlich erscheint auf den ersten Blick das »:=«. Hierbei handelt es sich um den *Zuweisungsoperator*. Der Variablen mit dem Namen »Summe« (immer links von »:=«) wird das Ergebnis der Addition von »Zahl_1« und »Zahl_2« (das Ergebnis der Berechnungen rechts) zugewiesen. Achten Sie darauf, daß Sie den *Zuweisungsoperator* nicht mit dem einfachen Gleichheitszeichen »=« (dem *Vergleichsoperator*) verwechseln.

Arithmetische Operatoren für ganze Zahlen

Neben dem Additionsoperator stehen Ihnen für das Rechnen mit ganzen Zahlen noch die folgenden Operatoren ("Rechenzeichen") zur Verfügung:

Operator	Wirkung
+	Addition
−	Subtraktion
*	Multiplikation
div	Ganzzahlige Division
mod	Liefert den ganzzahligen Divisionsrest

Die Operatoren »+« (Plus) und »−« (Minus) folgen den normalen Regeln und sollten Ihnen hinreichend bekannt sein. Der Operator »*« wird in Turbo Pascal anstelle des einfachen Punktes als Symbol für die Multiplikation verwendet. Das Dividieren von ganzen Zahlen bringt allerdings Schwierigkeiten, da das Ergebnis meist *keine* ganze Zahl ist:

Dafür gibt es die Operatoren »DIV« (Division) und »MOD« (Modulo). Erinnern Sie sich an die Rechenaufgaben, die Sie in den ersten Schulklassen zu lösen hatten?

Beispiel:

> 19 geteilt durch 5 ist 3 Rest 4.

Etwas "pascalmäßiger" ausgedrückt:

> »19 div 5« ergibt 3 und

> »19 mod 5« ergibt 4.

»DIV« liefert also das ganzzahlige Ergebnis, MOD den ganzzahligen Divisionsrest einer Division. Es gilt also formal:

> (19 div 5) * 5 + (19 mod 5) = 19

> (i div j) * j + (i mod j) = i

In den folgenden Übungen finden Sie ein kleines Beispiel, in dem die Operatoren »DIV« und »MOD« innerhalb eines Programmes angewendet werden. Sollten Sie schulpflichtige Kinder im passenden Alter haben oder kennen, empfehlen Sie ihnen Ihr Programm zur Kontrolle der Hausaufgaben.

Zusammenfassung
In diesem Abschnitt haben Sie ein Programm kennengelernt, das die grundlegenden Elemente der Datenverarbeitung, Eingabe, Verarbeitung und Ausgabe (*EVA-Prinzip*), verwendet. »Addierer« führt eine einfache Addition zweier Integer-Zahlen durch. Das Programm wurde durch erläuternde Kommentare, die in Pascal von den Klammerpaaren »{« und »}« oder »(*« und »*)« eingeschlossen werden, ergänzt. Kommentare sind für die Dokumentation von Programmen von großer Bedeutung und können deren Lesbarkeit beträchtlich erhöhen, wenn sie vernünftig eingesetzt werden.

Wir haben *Variablen* in unser Programm aufgenommen, die es uns ermöglichen, Daten zwischenzuspeichern. Die bisher verwendeten Variablen waren dabei ausnahmslos vom *Datentyp* "INTEGER". Zusätzlich haben Sie aber auch schon die übrigen von Turbo Pascal zur Verfügung gestellten Integer-Datentypen und die *Operatoren* für das Arbeiten mit ganzen Zahlen kennengelernt.

Um Werte in die Variablen, die durch die unter VAR aufgeführten Bezeichner deklariert wurden, einzulesen, mußten wir die Prozedur »ReadLn«, das Gegenstück zu »WriteLn«, in Anspruch nehmen.

Damit verfügen Sie über die notwendigen Kenntnisse, um einfache (sogenannte "lineare" oder "sequentielle") Programme unter Verwendung von ganzen Zahlen zu schreiben.

Übungen und Fragen

1.) Vergegenwärtigen Sie sich das bisher Gelernte anhand des folgenden kleinen Programms, indem Sie die Bedeutung der einzelnen Anweisungen und Programmzeilen erläutern.

```
PROGRAM Division_Modulo;
{ DIVMOD.PAS
  Demonstration zu den Operatoren DIV und MOD. }
VAR
   Ganze_Zahl_1,
   Ganze_Zahl_2,
   Ergebnis    : INTEGER;

BEGIN
   Ganze_Zahl_1 : = 19;      { Der Variablen »Ganze_Zahl_1« wird der Wert
                               19 zugewiesen. }
   Ganze_Zahl_2 : =  5;

   Ergebnis : = Ganze_Zahl_1 DIV Ganze_Zahl_2;   { Ganzzahlige Division }
   WriteLn(Ganze_Zahl_1, ' geteilt durch ', Ganze_Zahl_2, ' ergibt: ');
   Write(Ergebnis);

   Ergebnis : = Ganze_Zahl_1 MOD Ganze_Zahl_2;  { Divisionsrest }
   WriteLn(' Rest ', Ergebnis);
END.
```

Ergänzen Sie das Programm anschließend, indem Sie die Zahlen »Ganze_Zahl_1" und "Ganze_Zahl_2" von der Tastatur mit »ReadLn«-Anweisungen einlesen lassen. (Stellen Sie entsprechende "Eingabeaufforderungen" voran.)

2.) Welche Angaben sollten durch Kommentare in Quelltexte aufgenommen werden?

3.) Weshalb müssen Variablen, die Sie innerhalb eines Programms verwenden, deklariert werden? Welche Informationen, die der Compiler benötigt, stellen Sie ihm durch die Deklaration von Variablen zur Verfügung?

Die Programmstruktur

Turbo Pascal-Programme folgen in ihrem Aufbau im wesentlichen den Regeln, die Standard-Pascal vorgibt, jedoch wurden diese etwas gelockert und erweitert. Dennoch sind auch die gelockerten Regeln noch recht streng.

Wie Sie der Abbildung auf der folgenden Seite entnehmen können, läßt sich das Gesamtprogramm in drei Abschnitte aufteilen:

- einen Deklarations- bzw. Vereinbarungsteil,
- einen Teil, der Funktionen und Prozeduren enthält und
- das Hauptprogramm.

Einige der aufgeführten Begriffe sind Ihnen schon bekannt, die meisten gehen aber über die bisherigen Darstellungen hinaus. Ziel ist es hier, Ihnen einen Gesamtrahmen zur Verfügung zu stellen, in den Sie die kommenden Einzelteile einfügen können. Zunächst sollen daher nur die notwendigsten Dinge zu den einzelnen Punkten und Unterpunkten der Programmstruktur erläutert werden.

Der Deklarations- bzw. Vereinbarungsteil

Im Deklarationsteil teilen Sie dem Compiler mit, welche Bezeichner Sie für diejenigen Daten (Konstanten und Variablen) und Datentypen vergeben wollen, die im Programm immer verfügbar sein sollen. Man spricht auch von globalen Deklarationen. Darüber hinaus können Sie innerhalb von Prozeduren und Funktionen sogenannte »lokale« Bezeichner einführen, die sogar die gleichen Namen besitzen dürfen. Allerdings "verdecken" sie dann den Zugriff auf die gleichnamige globale Variable.

Kopfzeile

Die Kopfzeile kennen Sie schon. Hier finden Sie das Wörtchen »PROGRAM« und den Namen für ein Programm. In Turbo Pascal hat diese Zeile eigentlich keine Bedeutung, sie kann sogar ohne weiteres ersatzlos gestrichen werden. Dennoch ist es allgemein üblich, hier einen Namen einzutragen, der die Identifikation eines Programms möglichst auf den ersten Blick erlaubt. Da die hier vorgenommene Eintragung meistens nicht ausreicht – denken Sie nur an verschieden aktuelle Versionen ein und desselben Programms – wird die Kopfzeile noch durch zusätzliche Kommentare ergänzt.

Hinweis: Der hinter dem Wörtchen »PROGRAM« angegebene Name ist ein Bezeichner wie jeder andere. Sie dürfen den hier angegebenen Bezeichner (*Identifier*) nicht nochmals innerhalb des Programms verwenden!

Der Aufbau eines Turbo Pascal-Programms

Deklarations-/Vereinbarungsteil

Kopfzeile
Globale Compilerdirektiven
Uses-Anweisung
Globale Label-/Konstanten-/Typ- und Variablendeklarationen

Prozeduren und Funktionen

Prozedurkopf
Lokale Label-/Konstanten-/Typ- und Variablendeklarationen
Prozedur-/Funktionskörper

Hauptprogramm

Globale Compilerdirektiven

An dieser Stelle können Sie Anweisungen einsetzen, die dem Compiler mitteilen, wie er arbeiten soll. Compilerdirektiven werden in der Form eines Kommentars in den Quelltext eingefügt. Sie beginnen mit »{$« und enden mit »}«.

Über Compiler-Direktiven können Sie Turbo Pascal z.B. mitteilen, welche Dateien zusätzlich zum gerade editierten Quelltext in die Compilierung mit einzubeziehen sind, ob Informationen für den Debugger erzeugt werden sollen und ob Code für einen mathematischen Coprozessor zu erzeugen ist.

Die USES-Anweisung

Die »USES«-Anweisung spielt in Verbindung mit der Verwendung von eigenständigen Modulen bzw. Units eine Rolle. Hier teilen Sie dem Compiler mit, welche "Bibliotheken" mit in das Programm einbezogen werden sollen. "Bibliothek", "Modul" und "Unit" sind im Prinzip drei verschiedene Bezeichnungen für ein und dasselbe: Programmteile, die in sich abgeschlossen formuliert sind, und eigenständig, gegebenenfalls unter Benutzung anderer, fertiger Module, compiliert worden sind. Diese Module bzw. Units, wie sie im Turbo Pascal-Sprachgebrauch heißen, stellen eine Sammlung von Typ-, Variablendeklarationen, Prozeduren und Funktionen dar.

Globale Label-/Konstanten-/Typ- und Variablendeklarationen

Auf die Zeile mit der USES-Anweisung folgen Deklarationen von

- Sprungmarken (Labels) (streng verpönt in Pascal),

- Konstanten,

- selbstdefinierten Datentypen und

- Variablen.

Dabei ist es in Turbo Pascal nicht unbedingt erforderlich, genau diese Reihenfolge einzuhalten. In dieser Beziehung ist dieser Dialekt relativ "locker". Tatsächlich finden Sie in vielen Programmen die Deklaration globaler Variablen erst unmittelbar vor dem Hauptprogrammteil.

Prozeduren und Funktionen

Prozeduren und *Funktionen* stellen unter einem Namen zusammengefaßte Anweisungsblöcke dar, die von einem Programm oder einer anderen Prozedur/Funktion durch Nennung des Namens und Angabe der *Parameter* aufgerufen werden kann.

Prozedur-/Funktionskopf

Als Kopf einer Prozedur wird die Deklaration einer Prozedur mit deren Parametern bezeichnet. Prozeduren erhalten ähnlich wie Programme einen Namen. Über die Parameter haben Sie die Möglichkeit, einer Prozedur/Funktion Werte bzw. Variablen zu übergeben, so daß Prozeduren von den verschiedensten Stellen eines Programms mit immer anderen Werten vielfach aufgerufen werden können.

Die in der Parameterliste aufgeführten Variablen werden gleichzeitig mit deren Auflistung deklariert. Zum Beispiel deklariert die Prozedur mit dem folgenden Kopf

PROCEDURE Summe (VAR sum : INTEGER; VAR x, y : BYTE)

drei ganzzahlige Variablen. Eine Variable mit dem Namen »Summe« vom Datentyp »INTEGER«, sowie zwei Variablen (»x« und »y«) mit einem kleineren Wertebereich vom Datentyp »BYTE«.

Über Prozeduren und Funktionen und deren Unterschiede sowie über die Form der Parameterübergabe an solche "Routinen" werden Sie im nächsten Kapitel noch einiges erfahren.

Lokale Label-/Konstanten-/Typ- und Variablendeklarationen

Sie können innerhalb von Prozeduren »lokal« Label, Konstanten, Datentypen und Variablen deklarieren. Diese »lokalen« Variablen verlieren nach der Beendigung der Prozedur ihren Wert und können nur innerhalb der Prozedur/Funktion verwendet werden, in der sie deklariert worden sind. Dabei ist es durchaus erlaubt, die gleichen Bezeichner zu verwenden, die auch in anderen Prozeduren oder im aufrufenden Programm vorkommen.

Prozedur- bzw. Funktionskörper

Der Körper einer Prozedur bzw. einer Funktion entspricht dem des Haupt-
programms. Hier befinden sich die auszuführenden Anweisungen, mit
denen die Verarbeitung innerhalb der Prozedur beginnt. Wie der Körper
eines Programms wird auch der Körper einer Funktion/Prozedur durch
»BEGIN« und »END« eingeklammert, jedoch muß hinter dem abschließenden »END« der Prozedur ein Semikolon gesetzt werden.

Hauptprogramm

Im Hauptprogramm befinden sich die auszuführenden Anweisungen, mit
denen die Verarbeitung des Programms begonnen wird. Der Körper eines
Programms wird durch »BEGIN« und »END.« eingeklammert. Achten Sie
darauf, daß Sie hinter dem abschließenden »END« eines Programms den
Punkt nicht vergessen! Eine der typischen Eigenschaften eines Pascal-
Programms ist die, daß das Hauptprogramm meist wesentlich kürzer ist
als die am Programm beteiligten Unterprogramme (Prozeduren und Funktionen). Oft finden sich hier nur wenige Anweisungen. Sehen Sie sich ein
Beispiel für ein solches Hauptprogramm, von dem aus alle restlichen Akti
vitäten veranlaßt werden, einmal an:

```
BEGIN
    Initialisierung;
    REPEAT
        Lies_die_Tastatur;
    UNTIL Ende;
END.
```

In diesem Beispiel werden alle Aktionen vom Unterprogramm
»Lies_die_Tastatur« veranlaßt.

Zusammenfassung

Die meisten der in diesem Abschnitt angesprochenen Einzelheiten stellen
Vorgriffe auf noch zu behandelnde Themenbereiche dar. Daher können
Sie die vorgestellte "Programmstruktur" als logische Gliederung verwenden und als Leitfaden zur Einordnung der nachfolgenden Erläuterungen
zu Rate ziehen.

Umgang mit Zahlen

Konstanten

In diesem und den folgenden Abschnitten werden wir ein kleines Programm entwerfen, das einen Geldbetrag von der Tastatur "einliest", auf diesen Betrag die Mehrwertsteuer aufschlägt und als Resultat den Endpreis inklusive Mehrwertsteuer ausgibt.

Mehrwertsteuersätze verändern sich im Laufe der Jahre recht selten. Man könnte daher im Programm einfach den Wert "14" in die Berechnungen einsetzen. Wenn sie sich aber *doch* einmal ändern, müßten Sie den gesamten Programmtext nach diesem Wert durchsehen (was mit dem Editorkommando »Replace« nicht allzu schwer wäre). Um das zu vermeiden und die Durchsichtigkeit des Programms zu verbessern, wollen wir für die Mehrwertsteuer eine *Konstante* verwenden.

Konstanten sind Bezeichner, die stellvertretend *für einen festen Wert stehen*. Konstanten müssen ebenso wie Variablen im Deklarationsteil eines Programmes (oder einer Prozedur) definiert werden, bevor Sie verwendet werden können. Nehmen wir als Beispiel für eine Konstante folgende Deklaration:

```
CONST  MWSt = 14.0;
```

Konstantendeklarationen müssen von dem reservierten Wort »CONST« eingeleitet werden. Daran schließen sich der Name der Konstanten, ein *einfaches* Gleichheitszeichen und der Wert, für den die Konstante steht, an. Beachten Sie dabei, daß Sie mit Angabe von »14.0« eine Konstante mit Nachkommastellen, durch »14« aber eine ganzzahlige Konstante deklarieren. (Diese Tatsache kann unter Umständen die Ursache dafür sein, daß Sie die Fehlermeldung »Type mismatch« erhalten.) Innerhalb von reellen Zahlen steht in Turbo Pascal der Dezimalpunkt anstelle des Dezimalkommas. Dies entspricht der im englischen Sprachraum üblichen Schreibweise.

Nachdem wir die Konstante »MWSt« deklariert haben, werden wir innerhalb des Programms nicht mehr den Wert 14, sondern jeweils stellvertretend den Bezeichner »MWSt« verwenden.

Der Datentyp »REAL«

Möglicherweise haben Sie bei der Verwendung von ganzzahligen Variablen schon festgestellt, daß ein Programm den Versuch, Zahlen mit Stellen hinter dem Komma einzugeben, mit einer Fehlermeldung und dem Abbruch des Programms zurückweist. (Wenn nicht, probieren Sie es doch einfach einmal aus.) In ganzzahlige Variablen können also keine reellen Werte aufgenommen werden. Für Zahlen, die einen Nachkommaanteil aufweisen, müssen wir einen anderen Datentyp verwenden, den Datentyp »REAL«.

Da Geldbeträge im allgemeinen nicht als "Pfennige", sondern als "DM und Pfennig" angegeben werden, müssen wir, um diesem Sachverhalt gerecht zu werden, für den einzulesenden Geldbetrag eine Variable des Datentyps »REAL« deklarieren:

```
VAR
    Geldbetrag : REAL;
```

Das gleiche gilt für die Variable »Endbetrag«, die das Resultat der Berechnungen aufnehmen soll. Damit haben wir zwei Variablen des gleichen Datentyps, die wir mit Kommas voneinander getrennt in der Deklaration aufführen können:

```
VAR
    Geldbetrag,
    Endbetrag : REAL;
```

Was wir jetzt noch an Vorüberlegungen für das endgültige Programm benötigen, ist die den Berechnungen zugrundeliegende Formel, nach der die *Verarbeitung* der eingegebenen Werte innerhalb des Programms erfolgt. Der »Endbetrag« setzt sich zusammen aus dem angegebenen »Geldbetrag« zuzüglich dem Mehrwertsteuerbetrag. Es ergibt sich also (in Pascal-Syntax) die folgende Formel:

```
Endbetrag := Geldbetrag + Geldbetrag * MWSt/100.0;
```

```
Endbetrag := (1.0 + MWSt/100.0) * Geldbetrag;
```

Beachten Sie dabei, daß alle Zahlenangaben im Programm im »REAL«-Format erfolgen (dies gilt auch für die Konstante MWSt!). Ziel ist es dabei, dafür zu sorgen, daß auf der linken und der rechten Seite der Zuweisung Operanden stehen, die alle dem gleichen Datentyp, nämlich »REAL«, angehören. Dies ist zwar nicht unbedingt erforderlich, aber die "sauberste" Lösung. (Turbo Pascal führt zwar recht strenge Typüberprüfungen durch, jedoch *können* Sie Integer-Zahlen Real-Variablen durchaus zuweisen.) Turbo Pascal bietet die Real-Datentypen Single, Double, Extended und Comp an, auf die wir hier nicht näher eingehen werden.

Typ	Wertebereich		Genauigkeit	Format
Real	$2.9*10^{-39}$	bis $1.7*10^{38}$	11-12 Stellen	6 Bytes
Single	$1.5*10^{-45}$	bis $3.4*10^{38}$	7- 8 Stellen	4 Bytes
Double	$5.0*10^{-324}$	bis $1.7*10^{308}$	15-16 Stellen	8 Bytes
Extended	$1.9*10^{-4951}$	bis $1.1*10^{4932}$	19-20 Stellen	10 Bytes
Comp	$-9.2*10^{18}$	bis $9.2*10^{18}$	18-19 Stellen	8 Bytes

Für das Rechnen mit reellen Zahlen stellt Ihnen Turbo Pascal die folgenden Operatoren zur Verfügung:

Operator	Wirkung
+	Addition
−	Subtraktion
*	Multiplikation
/	Division

Verglichen mit den Rechenzeichen, die Sie in der Schule kennengelernt haben, wird lediglich das "Malzeichen" durch das »*«, das "Geteilt-durch-Zeichen" durch den Schrägstrich »/« ersetzt. Ansonsten gelten in Pascal weitgehend die bekannten Rechenregeln, insbesondere die Klammerregeln und der Satz: "Punktrechnung geht vor Strichrechnung".

Ausgabeformatierung

Die letzte Besonderheit, die im folgenden Beispielprogramm noch zu finden ist und die einer näheren Erläuterung bedarf, ist die Formatierung der Ausgaben über »Write« bzw. »WriteLn«. Turbo Pascal ermöglicht es Ihnen, die Anzahl der auszugebenden Zeichen innerhalb der »Write«-Anweisung mit anzugeben.

Reelle Zahlen

Mit der Programmzeile

WriteLn(Endbetrag:7:2);

legen Sie fest, daß der Inhalt der reellen Variablen auf dem Bildschirm ausgegeben wird. Die Anzeige soll dabei insgesamt sieben Stellen und zwei Nachkommastellen in Anspruch nehmen. Die Anzahl der Stellen vor dem Dezimalkomma (bzw. Dezimalpunkt) nimmt dann die verbleibenden vier Stellen in Anspruch. (7 Stellen insgesamt – 2 nach dem Dezimalpunkt – 1 für den Dezimalpunkt.) Dabei unterdrückt Turbo Pascal die sogenannten "führenden Nullen". Fehlende Stellen vor dem Dezimalpunkt werden durch Leerzeichen ersetzt.

Sollten Zahlen mit der in der »WriteLn«-Anweisung angegebenen Anzahl der Stellen nicht auskommen, werden die Vorkommastellen trotzdem vollständig ausgegeben, wobei die restlichen Stellen nach rechts verschoben werden. Die Anzahl der ausgegebenen Nachkommastellen entspricht immer dem angegebenen Wert. Sollten in einer Zahl mehr Nachkommastellen vorhanden sein, wird die letzte ausgegebene Stelle (nicht der eigentliche Wert!) kaufmännisch gerundet.

Hinweis: Fehlt die Angabe der Nachkommastellen, wird die Zahl in Exponentialdarstellung mit der angegebenen Zahl von gültigen Stellen ausgegeben. Wenn Sie eine reelle Zahl ohne Nachkommastellen (und Exponent) ausgeben wollen, müssen Sie also schreiben:

WriteLn(Endbetrag:7:0);

```
PROGRAM Mehrwertsteuerberechnung;
{ MEHRWERT.PAS - TP 6.0 }

CONST
  MWSt = 14.0;

VAR
  Nettobetrag,
  Endbetrag   : REAL;

BEGIN
  { Einlesen des Nettobetrags mit erläuternder Meldung auf dem Bildschirm }
  Write('Geben Sie bitte den Nettobetrag vor Steuern ein: ');
  ReadLn(Nettobetrag);

  { Berechnung des Betrags inkl. Mehrwertsteuer }
  Endbetrag := (1.0 + MWSt / 100.0) * Nettobetrag;
  { Oder auch: Endbetrag := Nettobetrag + Nettobetrag * MWSt/100.0; }

  { Ausgabe des Ergebnisses }
  WriteLn;        { WriteLn ohne weitere Angaben sorgt für einen Zeilenvorschub }
  WriteLn;
  WriteLn('Der Rechnungsendbetrag inkl. ', MWSt:5:2, '% MWSt beträgt: ',
        Endbetrag:7:2, ' DM.');
END.
```

Ganze Zahlen

Die Ausgabeformatierung kann auch für ganze Zahlen verwendet werden. Jedoch muß hier die Zahl der Nachkommastellen weggelassen werden, da ganze Zahlen per Definition nicht über Nachkommastellen verfügen, d. .h. die Ausgabe einer ganzzahligen Variablen »Integer_Zahl« können Sie folgendermaßen durchführen:

    WriteLn(Integer_Zahl:5);

Durch derartige Ausgabeformatierungen lassen sich problemlos Tabellen in Spaltenform ausgeben, sofern Sie die Anzahl der auszugebenden Zeichen nicht zu klein wählen.

Zusammenfassung

Sie nähern sich mit Riesenschritten den ersten umfangreicheren Programmen. Nachdem Sie schon Ein-/Ausgabeanweisungen und den Datentyp »INTEGER« kennengelernt haben, wurden jetzt Konstanten und der Datentyp »REAL« eingeführt.

Denken Sie bei der Deklaration von Variablen und Konstanten daran, wie häufig (im Zeitablauf) diese verändert werden müssen. Werte, die sich nie verändern, können Sie innerhalb eines Programms direkt angeben, sollten es aber der Übersichtlichkeit halber nicht unbedingt tun (Beispiel: const pi statt jedesmal 3.14159). Werte, die im Programm häufiger verwendet werden, für das Programm festliegen und sich nur selten ändern, sollten Sie als Konstanten deklarieren. Im weiteren Verlauf des Programms verwenden Sie dann anstelle des Mehrwertsteuersatzes (z.B. »0.14«) jeweils den entsprechenden Bezeichner (z.B. »MWSt«). Wenn sich jetzt der Mehrwertsteuersatz ändern sollte, brauchen Sie lediglich einmal den eingetragenen Wert zu verändern und nicht mehr das gesamte Programm abzusuchen. Variablen schließlich nehmen (fast) bei jedem Programmablauf neue Werte an, sind also ständigen Änderungen unterworfen.

Sie haben ein Beispielprogramm mit »REAL«-Variablen kennengelernt, in dem Sie so "ganz nebenbei" noch erfahren haben, wie Sie die Ausgabe von reellen und ganzen Zahlen tabellarisch gestalten bzw. formatieren können.

Übungen und Fragen

1.) Geben Sie, sofern Sie dies nicht schon längst erledigt haben, das Beispielprogramm dieses Kapitels ein, und lassen Sie es vom Compiler übersetzen. Verwenden Sie dazu den "Hot key" «F9», der das Programm übersetzt, ohne es gleich laufen zu lassen.

2.) Wann sollten Konstanten deklariert werden und welche Unterschiede bestehen zwischen diesen und Variablen?

3.) Wann müssen Sie den Datentyp »REAL« anstelle von ganzzahligen Datentypen verwenden?

4.) Verändern Sie das folgende Programm so, daß die Zahlen schön ausgerichtet untereinander zu stehen kommen.

```
PROGRAM Ausgabeformatierung_von_Zahlen;
{ AUSFORMA.PAS - TP 5.x }

VAR
   Zahl      : REAL;
   Ganzzahl  : INTEGER;

BEGIN
   { Es folgt eine Reihe willkürlicher Ausgaben von reellen Zahlen }
   Zahl := 2229.0;
   WriteLn(Zahl:7:2);

   Zahl := 9.22;
   WriteLn(Zahl:7:2);

   Zahl := 1234.566;
   WriteLn(Zahl:7:2);

   Zahl := 1234.567890;
   WriteLn(Zahl:7:2);

   Zahl := 47659.0;
   WriteLn(Zahl:7:2);

   Ganzzahl := 47;
   WriteLn(Ganzzahl:3);
END.
```

5.) Im Programm "Mehrwertsteuerberechnung" standen zwei alternative Formeln für die Berechnung zur Auswahl. Erläutern Sie, warum in der Formel

Endbetrag := (1.0 + MWSt/100.0) * Geldbetrag;

die Klammern notwendig sind, während in der Formel

Endbetrag := Geldbetrag + Geldbetrag * MWSt/100.0;

keine Klammern notwendig sind!

6.) Kopieren Sie eine der bisher erstellten Programmtextdateien über die Option »Save as« (Turbo 5.x »Write to«) des Menüs »File« in eine neue Datei, und machen Sie sich unter Benutzung der so erstellten Kopie der Datei mit den Lösch- und Blockoperationen des Editors vertraut, die zum Teil auch über die Menüs »Edit« und »Search« zu erreichen sind. Verwenden Sie dazu die Informationen aus dem Anhang "Editorkommandos". Die Taste «Strg» (Steuerung) entspricht der «Ctrl»-Taste (Control) der englischen Tastaturen. Mit den folgenden Kommandos sollten Sie umzugehen wissen:

Cursorbewegungskommandos:

«Strg-Linkspfeil»	«Strg-Rechtspfeil»
«Home» bzw. «Pos1»	«End» bzw. «Ende»
«Strg-BildAb»	«Strg-BildAuf»
«Strg-Q P»	

Einfügen und Löschen:

«Entf»	«Einfg»
«Strg-T»	«Strg-Q Y»
«Strg-Y»	«Strg-Q L»

Blockbearbeitung:

«Umsch-Pfeiltasten»	
«Strg-Einfg»	«Umsch-Einfg»
«Strg-Entf»	«Umsch-Entf»
«Strg-K R»	«Strg-K W»
«Strg-K H»	«Strg-K Y»
«Strg-K P»	
«Strg-K I»	«Strg-K U»
«Strg-Q A»	«Strg-Q F»
«Strg-L»	«Strg-U»
«Strg-Q [»	«Strg-Q]»

Prozeduren und Funktionen

Sie haben in den bisherigen Beispielen schon einige vordefinierte Prozeduren von Turbo Pascal kennengelernt. Diese befinden sich in Bibliotheken, die Sie in Ihre Programme mit einbeziehen können. Alle Prozeduren und Funktionen, die wir bisher verwendet haben, befinden sich in der in der »Unit« mit dem Namen »System«, der Laufzeitbibliothek (*Runtime Library*) von Turbo Pascal. Sie ist gewissermaßen das Lexikon, mit dessen Hilfe der Compiler Ihren Programmtext übersetzt.

Bibliotheken bzw. »Units« enthalten bereits fertig in Maschinensprache übersetzte Programmteile (die "Stichwörter" des Lexikons), die Sie durch Angabe ihres Namens aufrufen und benutzen können, sogenannte *Prozeduren* und *Funktionen*. Außerdem können Units, ähnlich wie Programme, Typ-, Konstanten- und Variablendeklarationen enthalten.

Benutzung vordefinierter Routinen

Wenn Sie Prozeduren oder Funktionen aus anderen Bibliotheken benutzen wollen, müssen Sie dies dem Compiler mitteilen. Dies geschieht mit der Anweisung

USES «Unitname»;

Mit der »USES-Anweisung« teilen Sie dem Compiler mit, aus welchen Bibliotheken Sie Routinen verwenden wollen. Die Unit »System« darf nicht mit in der »Uses-Abweisung« aufgeführt werden, sie wird vom Compiler immer automatisch mit hinzugeladen. Eines dieser Bibliotheksmodule (eine weitere Bezeichnung für »Units«) trägt den Namen »Crt« von englisch *cathode ray tube* (gemeint ist die Kathodenstrahlröhre in Ihrem Monitor). Es stellt Ihnen Bildschirm- und Tastaturroutinen sowie Prozeduren und Funktionen für die Tonerzeugung, das Arbeiten mit "Windows" (Bildschirmfenstern) und die farbige Darstellung von Textzeichen auf dem Bildschirm zur Verfügung.

Um die Unit »CRT« in Ihre Programme mit einzubeziehen, müssen Sie diesen die Zeile

USES CRT;

hinzufügen. Ein Programm, das den Bildschirm löscht, sieht dann z.b. folgendermaßen aus:

```
PROGRAM Loesche_Bildschirm;
USES CRT;
BEGIN
   ClrScr;
END.
```

Die richtige Stelle innerhalb eines Programms für die »Uses«-Anweisung ist nach der »Program«-Zeile. »ClrScr« ist dabei der Name der Prozedur, die das Löschen des Bildschirms bewirkt.

Kommen wir zurück zum eigentlichen Thema dieses Kapitels: Neben der Nutzung der schon fertigen Routinen haben Sie in Turbo Pascal die Möglichkeit (und sollen es auch tun!), eigene Prozeduren und Funktionen zu erstellen und sie in der gleichen Art wie die vorgefertigten Routinen in Ihre Programme mit einzubeziehen.

Prozeduren und Funktionen sind der zentrale Bestandteil der Sprache Pascal, denn mit ihrer Hilfe wird strukturiertes Programmieren erst möglich. Durch Prozeduren und Funktionen können Sie große Gesamtprogramme in einzelne kleinere Einheiten unterteilen, die Sie separat testen und dann immer wieder in unveränderter Form einsetzen können. Zielsetzung beim Schreiben von Prozeduren und Funktionen sind u.a.:

- die Zerlegung eines (oft unüberschaubaren) Gesamtproblems in mehrere kleinere, überschaubare Teilprobleme;

- wiederkehrende Problemstellungen nur einmal zu programmieren, um die Routine anschließend immer wieder zu verwenden;

- die in Teilproblemen enthaltenen Lösungen möglichst allgemeingültig zu formulieren, um Sie auch in anderen Zusammenhängen verwenden zu können (dies ermöglicht im besonderen Maße auch die *objektorientierte Programmierung*).

Das hat zur Folge, daß sich ein Programmierer bei konkreten Problemstellungen im wesentlichen nur noch mit der eigentlichen Aufgabe auf der höheren Ebene beschäftigen muß und sich dabei nicht mehr darum zu kümmern braucht, wie er z.B. den Rechner dazu veranlassen kann, ein Zeichen auf dem Bildschirm auszugeben.

Parameterübergabe

Prinzipiell sind Sie mit dem Aufrufformat der Prozeduren schon weitgehend vertraut. Der allgemeine Aufruf einer Prozedur erfolgt in der Form

        Prozedurname(Parameterliste);

Dieses Format haben Sie in den bisherigen Programmen schon oft verwendet. Eine der am häufigsten verwendeten Prozeduren trägt den Namen »WriteLn«. Als *Parameter* haben Sie ihr in Klammern Strings, Konstanten und Variablen übergeben.

»ClrScr«, die Prozedur, die oben vorgestellt wurde, stellt ein Beispiel für den Aufruf einer Prozedur ohne Parameter dar. »ClrScr« löscht den Bildschirm. Dazu brauchen wir dem Rechner nichts darüber mitzuteilen, wie er das bewerkstelligen soll. Hauptsache, nach dem Prozeduraufruf wird nichts mehr auf dem Schirm angezeigt. Entsprechend werden an »ClrScr« keine weiteren Parameter übergeben.

Bei möglichst allgemein gehaltenen Formulierungen von Routinen tritt jedoch oft ein anderes Problem auf: Der Prozedur »WriteLn« mußte nur ein *Parameter* übergeben werden, der bestimmte, was geschrieben werden sollte. Unter Umständen wird ein Prozeduraufruf jedoch schnell unhandlich. Nehmen wir als Beispiel dazu eine Routine, die Zeichen an einer bestimmten Bildschirmstelle ausgeben soll. Dieser Routine müssen die folgenden Daten übergeben werden:

- die auszugebenden Daten
- die Länge der auszugebenden Daten
- die Bildschirmzeile, in der die Ausgabe erfolgen soll
- die Bildschirmspalte der Ausgabe
- die Farbe des auszugebenden Textes
- die Farbe des Hintergrundes für den Text
- zusätzliche Textattribute, z.B. Blinken

Wie Sie sich sicherlich vorstellen können, wird bei einer derart großen Anzahl zu übergebender Daten an die Prozedur deren Aufruf recht umfangreich. Daher sollten Sie sich immer überlegen, welche Daten wirklich benötigt werden, und gegebenenfalls zusätzliche, einfacher zu handhabende Routinen schreiben.

Der Aufbau von Prozeduren

Programmieren in Turbo Pascal bedeutet vor allem eigene Prozeduren schreiben und diese in der gleichen Weise benutzen, wie die von Turbo Pascal schon fertig zur Verfügung gestellten Routinen. Wenn Sie Prozeduren direkt in einen Programmtext aufnehmen wollen, müssen Sie den Programmtext, der zu den Prozeduren gehört, vor dem eigentlichen Hauptprogramm einfügen. Die folgende Abbildung stellt den allgemeinen Aufbau einer Prozedur dar.

<table>
<tr><td colspan="1">Aufbau von Funktionen und Prozeduren</td></tr>
<tr><td>

Deklarations-/Vereinbarungsteil

Prozedurkopf mit Parameterliste

Label-/Konstanten-/Typ- und Variablendeklarationen

</td></tr>
<tr><td>

Prozeduren und Funktionen

Kopf der lokalen Prozedur
Lokale Label-/Konstanten-/Typ- und Variablendeklarationen
Prozedur-/Funktionskörper

</td></tr>
<tr><td>

Prozedurkörper

</td></tr>
</table>

Wie Sie feststellen, stimmen der Aufbau eines Programms und einer Prozedur weitgehend überein. Ein Programm kann lediglich im Deklarationsteil zusätzliche Anweisungen enthalten, die dem Compiler bzw. dem Linker ergänzende Informationen übermitteln. Dazu gehören die »Uses-Anweisung« und die »Compiler-Direktiven«. Bei diesen beiden Informationen handelt es sich um Anweisungen, die für das gesamte Programm Gültigkeit besitzen.

Wie aus der Abbildung auch hervorgeht, können Prozeduren und Funktionen natürlich wieder Unterprozeduren enthalten, die allerdings dann nur innerhalb dieser Prozedur definiert sind. Beim Aufruf aus anderen Prozeduren erhalten Sie beim Compilieren die Fehlermeldung "unknown identifier" – Bezeichner nicht bekannt.

Prozeduren enthalten anstelle des Programmkopfes den Prozedurkopf, der aus dem reservierten Wort PROCEDURE, dem Namen der Prozedur und gegebenenfalls einer Parameterliste in runden Klammern besteht, z. B.:

```
PROCEDURE Quadriere (VAR Wert: INTEGER);
```

Gültigkeitsbereich von Variablen (Scope)

Die *Parameterübergabe* entspricht der Deklaration einer Variablen »Wert« vom Typ INTEGER für diese Prozedur. Deswegen gehört die Typangabe stets zum Parameter und wird auch vom Compiler auf Übereinstimmung mit dem Typ beim Aufruf geprüft. Eine wichtige Unterscheidung im Hinblick auf das Arbeiten mit Prozeduren stellt die Fragestellung dar, ob einer Prozedur nur Werte übergeben werden oder ob die Prozedur diese Werte auch in (veränderter) Form wieder zurückgibt. Im letzten Fall wird das Wörtchen »VAR« vor die entsprechenden Parameter gesetzt.

Wenn Sie die Hilfsfunktion von Turbo Pascal zu Rate ziehen, finden Sie dort bei der Prozedur »Insert« folgendes:

```
PROCEDURE Insert(source: STRING; VAR s: STRING; index: INTEGER);
```

"Source" wird von der aufrufenden Routine an »Insert« übergeben. "S" wird ebenfalls an diese Prozedur übergeben, aber auch von ihr verändert und in veränderter Form an das aufrufende Programm zurückgegeben. "Index" dient als Positionsangabe und wird von »Insert« ebenfalls nicht verändert, d.h. nur der Wert der Variablen "S" wird von »Insert« in veränderter Form zurückgegeben. Wenn in der aufrufenden Routine mit einem veränderten Wert weitergearbeitet werden soll, muß "S" als »VAR«-Parameter deklariert werden.

```pascal
PROGRAM Mehrwertsteuerberechnung_2;
{ MEHRW2.PAS - TP 6.0 }

CONST   MWSt = 14.0;

VAR   Nettobetrag,
      Endbetrag:   REAL;

PROCEDURE Einlesen (VAR Betrag: REAL);
{ Einlesen des Nettobetrags mit erläuternder Meldung auf dem Bildschirm }
BEGIN
   Write('Geben Sie bitte den Nettobetrag vor Steuern ein: ');
   ReadLn(Betrag);
END;

PROCEDURE Berechnen (Endbetrag, Nettobetrag: REAL);
   { Berechnung des Betrags inkl. Mehrwertsteuer }
BEGIN
   Endbetrag : = (1.0 + MWSt / 100.0) * Nettobetrag;
END;

PROCEDURE Ausgabe (Betrag: REAL);
   { Ausgabe des Ergebnisses }
BEGIN
   WriteLn;         { WriteLn ohne weitere Angaben sorgt für einen Zeilenvorschub }
   WriteLn;
   WriteLn('Der Rechnungsendbetrag inkl. ', MWSt:5:2, '% MWSt beträgt: ',
           Endbetrag:7:2, ' DM.');
END;

{ Hauptprogramm }
BEGIN
   Einlesen (Nettobetrag);
   Berechnen (Endbetrag, Nettobetrag);
   Ausgabe (Endbetrag);
END.
```

Aufgabe: Kopieren Sie die Datei MEHRWERT.PAS nach MEHRW2.PAS und ändern Sie sie entsprechend der Vorlage mit Hilfe der Editorfunktionen »Cut«, »Copy« und »Paste«. Blockmarkierungen können Sie mit «Umsch-Pfeiltasten» vornehmen oder mit der Maus bei festgehaltener linker Taste.

Da der Nettobetrag im Hauptprogramm weiterverwendet und daher von der Prozedur "Einlesen" zurückgegeben werden soll, muß "Betrag" in der Prozedur als VAR deklariert werden. Für den Compiler heißt das, daß der globale Bezeichner "Nettobetrag" im Hauptprogramm und "Betrag" in der Prozedur nur zwei verschiedene Namen für ein- und dieselbe Variable sind. Der Parameter "Endbetrag" wird in "Berechnen" (gemeinerweise) nur als Wert übergeben, d.h. für diesen Wert wird eine neue (lokale) Variable *mit dem gleichen Namen* angelegt, die natürlich zusätzlichen Speicherplatz benötigt und nur innerhalb der Prozedur verfügbar ist.

Der Erfolg dieser bewußt falschen Deklaration ist, wie Sie sich überzeugen sollten, daß die Berechnung zwar korrekt durchgeführt, das (lokale) Ergebnis aber nicht zurückgegeben wird, so daß Sie als Ausgabe im besten Falle einen unsinnigen Wert erhalten, denn der globalen Variablen "Endbetrag" haben Sie noch gar keinen Wert zugewiesen. In "Ausgabe" genügt es dann wieder, den Wert für den Bildschirm zu übergeben.

Aufgabe: Überzeugen Sie sich von der korrekten Berechnung, indem Sie sich innerhalb der Prozedur den Wert von "Endbetrag" (lokal) ausgeben lassen. Ändern Sie dann die Deklaration von "Endbetrag" in eine Variablenübergabe (beachten Sie das Semikolon zur Trennung von Variablen und Werten!): PROCEDURE Berechnen (VAR Endbetrag: REAL; Nettobetrag:REAL);

Hinweis: Konstanten oder feste Werte können Sie an Prozeduren nur dann übergeben, wenn die entsprechenden formalen Parameter der aufzurufenden Prozedur *nicht* als »Var-Parameter« deklariert worden sind.

Abhilfe schaffen hier *typisierte Konstanten*, die bei der Deklaration eine Typangabe erhalten, dazu später.

Unterschiede zwischen Prozeduren und Funktionen

Funktionen sind gewissermaßen Prozeduren mit Datencharakter, d.h. sie besitzen nach dem Funktionsaufruf einen Wert wie eine Variable. Sowohl Prozeduren als auch Funktionen verfügen über die optionale Parameterliste, die in Klammern auf den Namen der Routine folgt. Während Prozeduren einfach mit ihrem Namen aufgerufen werden, müssen Sie mit dem Wert der Funktion immer etwas anfangen. Formulieren wir zunächst ein Beispielprogramm, in dem diese beiden unterschiedlichen Formen dazu verwendet werden, zwei Zahlen zu addieren.

```
PROGRAM Prozeduren_vs_Funktionen;
{ FUNKPROZ.PAS
  Demonstriert Unterschiede zwischen Prozeduren und Funktionen }

USES    Crt;
VAR     a, b,
        summe : INTEGER;

PROCEDURE Summiere(VAR sum: INTEGER; a, b: INTEGER);
BEGIN
  sum := a + b;
END;

FUNCTION Sum(a, b: INTEGER): INTEGER;
BEGIN
  Sum := a + b;
END;

BEGIN
  ClrScr;
  a := 12;            { Variablen belegen }
  b := 15;

{ Vorgehen bei einer Prozedur }
  Summiere(Summe, a, b);
  WriteLn('Die Summe lautet: ', Summe);

{ Vorgehen bei einer Funktion }
  Summe := Sum(a, b);
  WriteLn('Die Summe lautet: ', Summe);
{ Alternative mit direkter Angabe der Funktion in der WriteLn-Anweisung }
  WriteLn('Die Summe lautet: ', Sum(a, b));
END.
```

Der Aufruf der Prozedur »Summiere« geschieht über deren Namen und Angabe der Parameter. Neben den Zahlen »a« und »b«, die durch die Prozedur addiert werden sollen, haben wir noch den Var-Parameter »Sum« deklariert, der das Ergebnis an die aufrufende Routine (das Hauptprogramm) zurückgibt.

Eigentlich könnte hier auch so verfahren werden, daß in »a« oder »b« das Ergebnis zurückgegeben wird. Dazu müßte dann die Variable, die das Ergebnis zurückgeben soll als »Var«-Parameter deklariert werden. Dann können an diesen Parameter aber keine festen Werte mehr übergeben werden. Zusätzlich erzielen wir durch Übergabe von drei Parametern an die Prozedur auch eine bessere Vergleichbarkeit der Prozedur mit der Funktion.

Die Funktion »Sum« besitzt lediglich zwei Parameter. Das liegt daran, daß bei Funktionen der Name der Funktion gleichzeitig eine Variable darstellt. Diese Variable entspricht dem »Var-Parameter« »Sum« der Prozedur »Summiere«. Variablen und Konstanten sind immer von einem bestimmten Datentyp, den wir daher auch bei der Deklaration einer Funktion angeben müssen. Die Deklaration der Funktion

```
FUNCTION Sum (a, b: INTEGER): INTEGER;
```

beinhaltet gleichzeitig die Deklaration einer Variablen »Sum« vom Datentyp INTEGER. Der Datentyp muß bei Funktionen im Anschluß an die Parameterliste, auf einen Doppelpunkt folgend, angegeben werden.

Damit lassen sich die weiteren Unterschiede zwischen Prozeduren und Funktionen leicht ableiten. Zunächst einmal geschieht der Aufruf einer Funktion in der Form

```
Summe : = Sum (a, b);
```

Der Variablen »Summe« wird dabei, wenn wir über die Parameterliste hinwegsehen, lediglich der Inhalt der Integer-Variablen »Sum« zugewiesen. Natürlich weiß der Compiler aufgrund der Deklaration, daß es sich bei »Sum« um eine Funktion handelt und veranlaßt vor der Zuweisung die entsprechenden Berechnungen.

Genauso läßt es sich auch erklären, daß sich Funktionen (genauso wie normale Variablen und Konstanten) direkt in einer »Write« oder »WriteLn«-Anweisung angeben lassen. Bei Prozeduren ist dies nicht möglich. Funktionsaufrufe werden innerhalb von Ausgabeanweisungen formal wie Variablen und Konstanten behandelt und lassen sich ebenso formatieren.

Zuweisungen an eine Funktion sind naturgemäß nicht zulässig. Und damit kommen wir auf den letzten Unterschied zwischen Prozeduren und Funktionen zu sprechen. Der Programmierer muß selbst dafür Sorge tragen, daß innerhalb der Funktion der unter dem Namen der Funktion geführten Variablen ein Wert zugewiesen wird! Wird diese Wertzuweisung vergessen, stört das den Compiler nicht weiter, jedoch wird das Ergebnis, das die Funktion liefert, in der Regel kaum Ihren Vorstellungen entsprechen. Dies geschieht in unserem Beispiel mit der Zeile

```
sum := a + b;
```

Betrachten wir das Beispiel noch einmal abschließend und stellen wir einen Vergleich zwischen den beiden möglichen Alternativen an. Im vorliegenden Fall ist es sicherlich zweckmäßiger, die Routine als Funktion zu formulieren. Hier erwarten wir, daß wir ein *Ergebnis* geliefert bekommen. Für Problemstellungen, die lediglich eine *bestimmte Aktion* auslösen, wie z.B. eine Ausgabe auf dem Bildschirm, ist es jedoch zweckmäßiger, mit Prozeduren zu arbeiten.

Aufgabe: Formulieren Sie im Mehrwertsteuer-Programm Funktionen statt der Prozeduren, wo es Ihnen sinnvoll erscheint.

Zusammenfassung

In diesem Abschnitt haben Sie mehr über Prozeduren und Funktionen erfahren. An einem Beispiel wurden die Unterschiede bezüglich des Gültigkeitsbereichs von Variablen erläutert. Wir haben festgestellt, daß die Parameterliste einer Prozedur die Schnittstelle zwischen der aufrufenden Routine und der Prozedur darstellt.

An einem weiteren Beispiel wurden die Unterschiede zwischen Prozeduren und Funktionen dargestellt. Welche dieser beiden Alternativen günstiger ist, hängt lediglich vom jeweiligen Verwendungszweck der Routine ab.

Kontrollstrukturen

In den vorausgegangenen Abschnitten haben wir uns vorwiegend mit numerischen Variablen und Konstanten beschäftigt. Sie haben den Großteil der Anweisungen kennengelernt, die Sie benötigen, um einfache Programme zu schreiben, mit deren Hilfe Sie Berechnungen durchführen können. Bei allen bisher vorgestellten Beispielen handelte es sich um Programme mit "linearer" Struktur.

Innerhalb der Programme wurde jede einzelne Anweisung lediglich ein einziges Mal abgearbeitet. Logische Entscheidungen in Abhängigkeit von Werten einzelner Variablen wurden nicht getroffen. Es wurden bei jedem Programmlauf *alle* Anweisungen abgearbeitet.

In diesem Kapitel werden Sie die von Turbo Pascal zur Verfügung gestellten Kontrollstrukturen kennenlernen. Dazu gehören "Verzweigungen" und "Schleifen". Als "verzweigt" wird ein Programm dann bezeichnet, wenn der sequentielle Programmablauf auf Grund des Ergebnisses einer Vergleichsoperation verlassen wird. Mit Hilfe von "Schleifen" haben Sie die Möglichkeit, einzelne Programmabschnitte mehrfach zu durchlaufen, ohne sie jedesmal explizit aufschreiben zu müssen.

Bedingte Verzweigungen

Beginnen wir mit den Bedingungen. Oftmals ist es erforderlich, bestimmte Programmteile nur in Abhängigkeit von Bedingungen ausführen zu lassen. So macht es zum Beispiel wenig Sinn, nach der Führerscheinklasse zu fragen, wenn die betreffende Person gar keinen Führerschein hat. Ebenso kann bei Personen, die unter einer gewissen Altersgrenze liegen, die Frage nach dem Familienstand entfallen. Die Anzahl der möglichen Beispiele ist hier unendlich.

Wie können derartige Sachverhalte in Turbo Pascal erfaßt werden? Formulieren wir die Frage nach dem Führerschein mit Hilfe von Codierungen (Führerschein: 1 - vorhanden, 0 - nicht vorhanden; Klasse II für LKW: 1 - ja, 0 - nein), obwohl es erheblich eleganter (und klarer) wäre, hierfür andere Datentypen zu verwenden. Mehr dazu im folgenden Kapitel über einfache Datentypen.

IF ... THEN

Formulieren wir das Ganze einfach so:

```
IF Fuehrerschein = 1 THEN
BEGIN
   Write('Klasse II? ');
   ReadLn(Klasse_II);
END;
```

Frei übersetzt entsteht der folgende umgangs-/pascalsprachliche Ausdruck: "Wenn (IF) in der Variablen Fuehrerschein die 1 steht (Fuehrerschein = 1), es sich also um einen Kraftfahrer handelt, dann (THEN)
frage nach dem Führerschein der Klasse II (Write('Klasse II? ');) und lies
die Antwort in die Variable »Klasse_II« ein (ReadLn(Klasse_II);)." Sie
sehen, zu jedem Teil des Anweisungsblocks gibt es ein umgangssprachli-
ches Gegenstück. Beachten Sie die mit der Umgangssprache verglichen
etwas "sonderbare" Formulierung der Bedingung! Es muß immer der
Inhalt einer Variablen mit einem anzugebenden Wert, einer Konstanten
oder einer anderen Variablen verglichen werden.

Hinweis: Da es sich bei der Bedingung um einen Vergleich zweier
             Werte handelt, muß in der Bedingung ein einfaches Gleich-
             heitszeichen stehen. Verwechseln Sie bitte nicht den Ver-
             gleichs- (=) mit dem Zuweisungsoperator (:=)!

Wenn Sie diesen Programmausschnitt ergänzen und ablaufen lassen, wird
die Frage 'Klasse II? ' nur dann gestellt und eine entsprechende Antwort
eingelesen, wenn die vorausgegangene Abfrage nach dem Führerschein
mit »1« beantwortet worden ist. Die Anweisungen, die in Abhängigkeit von
der Beantwortung der Frage abgearbeitet werden sollen, stellen einen Anweisungsblock dar, der aus der »Write« und der »ReadLn«-Anweisung
besteht und durch »BEGIN ... END« eingeklammert werden muß.

Aufgabe: Schreiben Sie den Deklarationsteil und den Rest des Pro-
             gramms – die Frage nach dem Führerschein – um das
             obige Programmfragment herum, und probieren Sie das
             Ganze einfach einmal aus! Für die Variablen »Fuehrer-
             schein« und »Klasse_II« können Sie die Datentypen »BYTE«
             oder »INTEGER« verwenden.

Allgemein sieht die »IF ... THEN«-Anweisung folgendermaßen aus:

```
IF Bedingung THEN
    BEGIN
        Anweisung_1;
        Anweisung_2;

            .
            .
        Anweisung_kommt_zuletzt;
    END;
```

IF ... THEN ... ELSE

Erweitern wir das Beispiel! Dazu gehen wir davon aus, daß die Frage nach dem Führerschein immer korrekt beantwortet wird, d.h. sie wird entweder durch Eingabe einer »0« oder aber durch Eingabe einer »1« beantwortet. Als spezifische Frage für führerscheinlose Mitmenschen fragen wir, ob die Person ein Fahrrad besitzt. Die Antwort auf diese Frage speichern wir in einer ganzzahligen Variablen mit dem Namen »Rad« ab. Jetzt können wir diese Überlegungen in einen Pascal-Text fassen und erhalten damit den folgenden Anweisungsblock:

```
IF Fuehrerschein = 1 THEN
    BEGIN
        Write('Klasse II? ');
        ReadLn(Klasse_II);
    END
ELSE
    BEGIN
        Write('Haben Sie ein Rad?');
        ReadLn(Rad);
    END;
```

(Achten Sie darauf, daß zwischen dem »END« und dem »ELSE« *kein* Semikolon stehen darf.)

Frei übersetzt entsteht jetzt der folgende Ausdruck: "Wenn (IF) in der Variablen Fuehrerschein die 1 steht (Fuehrerschein = 1), dann (THEN) frage nach dem Führerschein Klasse II (Write ('Klasse II? ');) und lies die Antwort in die Variable »Klasse_II« ein (ReadLn (Klasse_II);). In jedem anderen Fall (ELSE), wenn es sich also nicht um einen Kraftfahrer handelt, beginne (BEGIN) mit einem anderen Abfrageblock, zeige die Frage nach dem Fahrrad an (Write('Haben Sie ein Rad? ');), lies die Antwort in die Variable »Rad« ein (ReadLn(Rad);), und beende diesen Anweisungsblock (END;)".

Die allgemeine Form der »IF ... THEN«-Anweisung mit einem »ELSE«-Zweig können Sie dem folgenden Kasten entnehmen.

```
IF Bedingung
    THEN
        BEGIN
            Anweisung_wenn_1;
            Anweisung_wenn_2;
                    .
                    .
                    .
            Anweisung_wenn_kommt_zuletzt;
        END
    ELSE
        BEGIN
            Anweisung_sonst_1;
            Anweisung_sonst_2;
                    .
                    .
                    .
            Anweisung_sonst_kommt_zuletzt;
        END;
```

Hinweise: Denken Sie daran, daß in unserem Programm bei unzulässigen ganzzahligen Eingaben immer der ELSE-Zweig ausgeführt und damit die Fragestellung auf dem Bildschirm angezeigt wird, die eigentlich für Fußgänger vorgesehen ist.

Wenn im »THEN«- oder im »ELSE«-Zweig nur eine Anweisung vorhanden ist, kann die »BEGIN ... END«-Klammerung entfallen:

```
IF Bedingung THEN
    Nur_eine_Anweisung_im_Wenn_Fall
ELSE
    Nur_eine_Anweisung_im_Sonst_Fall;
```

Bei umfangreicheren Programmen ist es empfehlenswert, sich den Ablauf erst einmal grafisch zu verdeutlichen. Dazu werden entweder Flußdiagramme oder aber Struktogramme verwendet. Die »IF ... THEN ... ELSE«-Anweisung wird durch das folgende grafische "Gebilde" wiedergegeben.

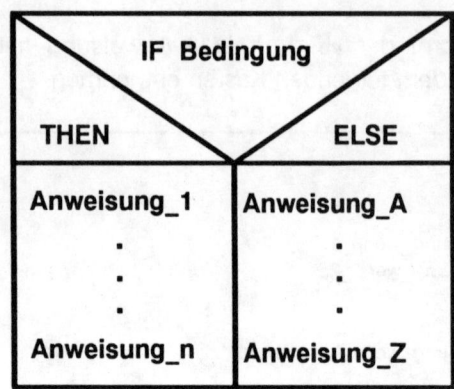

Zusammenfassung

Diesmal erfolgt die Zusammenfassung durch ein fertiges Programm, das die oben erläuterten Sachverhalte in ihrem Endstadium beinhaltet.

```
PROGRAM IF_THEN_ELSE;
{ FAHRER.PAS - TP 6.0 }
VAR
   Fuehrerschein,
   Klasse_II,
   Rad : BYTE;

   PROCEDURE Kraftfahrer (VAR Klasse_II: BYTE);
   BEGIN
       Write('Klasse II (0 - nein/1 - ja)? ');
       ReadLn(Klasse_II);
   END;

   PROCEDURE Fussgaenger (VAR Rad: BYTE);
   BEGIN
       Write('Haben Sie ein Rad (0 - nein/1 - ja)? ');
       ReadLn(Rad);
   END;
```

```
BEGIN {Hauptprogramm}
    Write('Fuehrerschein (0 - keiner / 1 - vorhanden)? ');
    ReadLn(Fuehrerschein);
    IF Fuehrerschein = 1
        THEN Kraftfahrer (Klasse_II)
        ELSE Fussgaenger (Rad);
END.
```

Verschachtelte Bedingungen

Die zuletzt vorgestellte Version des Programms weist einen Mangel auf, den wir jetzt beheben wollen. Es geht darum, daß das Programm auch bei Eingabe von falschen Werten auf die Frage nach dem Führerschein immer die Frage "Haben Sie ein Rad?" stellt. Das hängt zum Teil mit der etwas ungeschickten Wahl von Kennziffern anstelle von geeigneten Datentypen zusammen, vor allem aber damit, daß außer den Führerscheinbesitzern eben *alle anderen* unter die Bedingung ELSE fallen.

Um dieses Problem in den Griff zu bekommen, bedienen wir uns zunächst ineinander verschachtelter »»IF ... THEN«-Anweisungen. Später werden wir dann eine weitere (elegantere) Lösung vorstellen, die sich der sogenannten »CASE«-Anweisung bedient.

```
PROGRAM IF_THEN_ELSE2;
{ FAHRER2.PAS }
VAR
    Fuehrerschein,
    Klasse_II,
    Rad : BYTE;

    PROCEDURE Kraftfahrer (VAR Klasse_II: BYTE);
    BEGIN
        Write('Klasse II (0 - nein/1 - ja)? ');
        ReadLn(Klasse_II);
    END;

    PROCEDURE Fussgaenger (VAR Rad: BYTE);
    BEGIN
        Write('Haben Sie ein Rad (0 - nein/1 - ja)? ');
        ReadLn(Rad);
    END;
```

```
BEGIN
   Write('Fuehrerschein (0 - keiner/1 - vorhanden)? ');
   ReadLn(Fuehrerschein);
   IF Fuehrerschein = 1
      THEN   Kraftfahrer (Klasse_II)
      ELSE IF Fuehrerschein = 0
         THEN Fussgaenger (Rad)
         ELSE WriteLn('Ihre Antwort ist unzulässig!?');
END.
```

In dieser Version des Programms wird zunächst überprüft, ob es sich bei der Antwort auf die Frage nach dem Führerschein um die Kennziffer für "vorhanden" handelt. Sollte diese Überprüfung negativ ausfallen wird im »ELSE«-Zweig überprüft, ob die eingegebene Antwort mit der Kennziffer für ein "kein Führerschein" übereinstimmt. Fällt auch diese Überprüfung negativ aus, steht damit gleichzeitig fest, daß die Beantwortung der Frage eine unzulässige Kennziffer darstellt.

Wie in dem Beispiel haben Sie allgemein die Möglichkeit, innerhalb von Kontrollstrukturen weitere Kontrollstrukturen einzubetten.

Die »CASE ... OF«-Struktur

In Turbo Pascal können Sie auch die »CASE ... OF«-Struktur einsetzen. Diese stellt im Prinzip nichts anderes als mehrfach ineinander verschachtelte »IF ... THEN«-Anweisungen dar. Sie ist geradezu ideal einsetzbar für Situationen, in denen vielfältige Fallunterscheidungen getroffen werden müssen.

Stellen Sie sich nur einmal vor, wie unser Beispiel mit ineinander verschachtelten »IF ... THEN ... ELSE«-Anweisungen aussehen würde, wenn es nicht nur zwei (inklusive Fehlerbehandlung drei) sondern ein Dutzend Antwortalternativen gäbe! Und derartige Situationen treten bei der Programmierung nicht selten auf. Ein einfaches Beispiel hierfür ist das Schulnotensystem. Hier haben wir es schon mit sieben möglichen Alternativen zu tun.

Bevor wir zu unserem Beispiel zurückkommen, vergleichen Sie bitte zunächst die folgenden Abbildungen, die das Struktogramm und die allgemeine Form der »CASE ... OF«-Struktur darstellen.

CASE Ordinalvariable OF			
Wert1	Wert2	Wert3	ELSE
Anweisung1_A	Anweisung2_A	Anweisung3_A	AnweisungE_A
.	.	.	.
.	.	.	.
.	.	.	.
.	.	.	.
Anweisung1_Z	Anweisung2_Z	Anweisung3_Z	AnweisungE_Z

```
CASE ordinale_Variable OF
   Wert_1 : BEGIN
               Anweisung1_1;
                    .
                    .
               Anweisung1_n;
            END;
   Wert_2 : BEGIN
               Anweisung2_1;
                    .
                    .
               Anweisung2_n;
            END;
   ...
   Wert_N : BEGIN
               AnweisungN_1;
                    .
                    .
               AnweisungN_n;
            END;
ELSE
   BEGIN
      AnweisungE_1;
           .
           .
      AnweisungE_n;
   END;
END; { CASE }
```

Kontrollstrukturen

Möglicherweise wundern Sie sich darüber, daß diesmal vor dem »ELSE« ein Semikolon steht? Gut! Dem ist tatsächlich so. Diesmal muß das Semikolon hinter der abgeschlossenen Anweisung gesetzt werden.

Bleibt bezüglich der allgemeinen Form der »CASE«-Struktur noch zu klären, was es mit der »ordinalen_Variablen« auf sich hat. Als ordinal werden Datentypen bezeichnet, deren Elemente aufzählbar sind. Alle ganzzahligen Datentypen sind z.B. aufzählbar. Sie verfügen über eine ganz bestimmte Anzahl von Elementen, die sich der Reihe nach "aufsagen" lassen. (Auch, wenn es recht lange dauern würde!) Zudem läßt sich bei den ganzzahligen Typen ohne weiteres die Frage "welches Element folgt auf die »3«?" beantworten. Im Unterschied dazu sind »reelle Zahlen« nicht "aufzählbar" und damit auch nicht "ordinal". Die Frage "welches Element folgt auf »3.0«?" ist hier nicht beantwortbar. (Ist es vielleicht »3.1« oder aber »3.05« oder gar »3.00000001«? – Wenn Sie diese Frage mit »3.00000001« beantworten sollten, wie sieht es denn dann mit »3.000000000001« aus? Das Spielchen ließe sich unendlich fortsetzen!)

Hinweise: Anstelle eines einzelnen Wertes lassen sich für die Fallunterscheidung innerhalb der »CASE«-Struktur ohne weiteres auch Wertemengen oder mehrere Elemente angeben. Sie werden entweder mit Kommas aufgezählt oder bei aufeinanderfolgenden Bereichen mit zwei Punkten zwischen den Grenzen angegeben:

```
CASE Variable OF
   1, 2 :   Anweisung_1;
   3 .. 7 : Anweisung_2;
END; {case}
```

Der »ELSE«-Teil kann wie bei »IF ... THEN« auch vollständig entfallen, Blöcke aus mehreren Anweisungen werden mit BEGIN/END geklammert.

N. Wirth verwendet in diesem Zusammenhang den Begriff "skalar" an Stelle von "ordinal".

Kommen wir jetzt auf unser Beispiel zurück. Sehen Sie sich auf der folgenden Seite an, wie übersichtlich es bei Verwendung der »CASE«-Struktur zu formulieren ist.

```
PROGRAM CASE_OF;
{ FAHRER3.PAS }
VAR
   Fuehrerschein,
   Klasse_II,
   Rad        : BYTE;

   PROCEDURE Kraftfahrer (VAR Klasse_II: BYTE);
   BEGIN
      Write('Klasse II (0 - nein/1 - ja)? ');
      ReadLn(Klasse_II);
   END;

   PROCEDURE Fussgaenger (VAR Rad: BYTE);
   BEGIN
      Write('Haben Sie ein Rad (0 - nein/1 - ja)? ');
      ReadLn(Rad);
   END;

BEGIN
   Write('Fuehrerschein (0 - keiner/1 - vorhanden)? ');
   ReadLn(Fuehrerschein);
   CASE Fuehrerschein OF
      0:  Kraftfahrer (Klasse_II);
      1:  Fussgaenger (Rad);
      ELSE WriteLn('Ihre Eingabe ist unzulässig!?');
   END; {case}
END.
```

Zusammenfassung

Sie haben gelernt, wie Sie alle Antwortalternativen über ineinander verschachtelte »IF ... THEN ... ELSE«- oder »CASE ... OF«-Kontrollstrukturen
erfassen können. Dabei ist die »CASE ... OF«-Struktur übersichtlicher,
weist jedoch im Vergleich zur verschachtelten »IF ... THEN ... ELSE«-
Struktur einige Einschränkungen auf. Zum Beispiel haben Sie nicht die
Möglichkeit, »CASE ... OF« für reelle Variablen einzusetzen. Für das vorgestellte Beispiel ist die »CASE ... OF«-Lösung sicherlich die übersichtli-
chere und daher zu bevorzugende Lösungsalternative.

Aufgabe

"Erfinden" Sie für das folgende kleinen Beispielprogramm eine praktische
Anwendung und verändern Sie es entsprechend:

```
PROGRAM CASE_DEMO;
{ CASEDEMO.PAS }
CONST
  wert_1 = 1;
  wert_2 = 2;
  wert_N = 3;
VAR
  ordinale_Variable : BYTE;
BEGIN
  WriteLn('Ganze Zahl eingeben (0 bis 4): ');
  ReadLn(ordinale_Variable);
  CASE ordinale_Variable OF
      Wert_1 : WriteLn('Wert 1: ', Wert_1);
      Wert_2 : WriteLn('Wert 2: ', Wert_2);
      Wert_N : WriteLn('Wert N: ', Wert_N);
      ELSE WriteLn ('Besonderer Fall!');
  END; {case}
END.
```

Schleifenarten

Für die folgenden Kontrollstrukturen lösen wir uns von unserem bisherigen Beispiel und wenden uns wieder den Zahlen zu. Diesmal benutzen wir die Summierung der Zahlen von 1 bis 50, die wir mit Hilfe verschiedener Wiederholungsstrukturen durchführen werden. "Schleifen" erlauben es uns, einzelne Anweisungen oder Anweisungsblöcke wiederholt durchführen zu lassen, ohne daß wir diese deshalb mehr als einmal in unseren Programmtext aufnehmen müßten.

FOR ... TO (DOWNTO) ... DO

Die erste der Wiederholungstrukturen, die Turbo Pascal anzubieten hat, ist die sogenannte Zählschleife. Um mit einer Schleife arbeiten zu können, benötigt der Rechner drei Dinge:

- eine Variable, in der er den jeweils aktuellen Wert des Zählers speichern kann

- einen Startwert, mit dem die Schleife erstmals abgearbeitet wird und der dem Zähler zugewiesen wird, sowie

- einen Endwert, nach oder bei dessen Erreichen die Wiederholungstruktur verlassen wird (Schleifenabbruchbedingung).

```
FOR ordinale_Variable := Startwert TO (DOWNTO) Endwert DO
BEGIN
    Anweisung1;
    Anweisung2;
    .
    .
    AnweisungN;
END;
```

Die allgemeine Form der »FOR ... TO (DOWNTO) ... DO«-Schleife können Sie der obigen Abbildung entnehmen. In der »FOR ... TO ... DO«-Schleife wird die »ordinale_Variable«, die auch als "Laufvariable" bezeichnet wird, hochgezählt, bis sie den Wert »Endwert« erreicht hat. Ebenso können Sie die "Laufvariable" aber auch herunterzählen, wenn Sie anstelle des Schlüsselwortes »TO« »DOWNTO« verwenden. In beiden Fällen steckt die Anweisung für das Hoch- bzw. Herunterzählen in der »FOR ... TO«-Anweisung. Sie brauchen dem Rechner *nicht* noch einmal gesondert mitzuteilen, daß die "Laufvariable" nach jedem Durchlauf des »BEGIN ... END«-Blocks erhöht bzw. erniedrigt werden soll.

Stellen wir die »FOR ... TO ... DO«-Schleife einmal umgangssprachlich dar, indem wir annehmen, daß ein Bauarbeiter 25 Säcke Zement von einem Lkw abladen soll. Teilen wir ihm dies folgendermaßen mit: "Gehe los und hole jetzt den ersten Sack Zement (FOR Sack := 1), zähle die Anzahl der hergeholten Säcke in Gedanken, und höre damit auf, wenn der 25. Sack hier ist (TO 25)." Da umgangssprachlich die durchzuführenden Anweisungen schon in diesem Satz enthalten sind, soll diese Anweisung noch einmal etwas "pascalmäßiger" dargestellt werden:

```
FOR Sack := 1 TO 25 DO
    BEGIN
        Gehe_los;
        Nimm_Zementsack;
        Trage_Zementsack_her;
        Lege_Zementsack_weg;
    END;
```

Da wir dem Bauarbeiter durch »FOR Sack := 1 TO 25 DO« schon mitgeteilt haben, daß er diesen Vorgang für die Säcke mit den gedachten Nummern 1 bis 25 wiederholen soll, braucht nicht mehr erwähnt zu werden, daß er dabei in Gedanken mitzählen muß.

Um den Bauarbeiter zu ärgern, lassen wir ihn alle Säcke in der umgekehrten Reihenfolge wieder zurücktragen:

```
FOR Sack := 25 DOWNTO 1 DO
    BEGIN
        Nimm_Zementsack;
        Trage_Zementsack_weg;
        Lege_Zementsack_auf_Lkw;
        Komm_wieder_zurueck;
    END;
```

Das war's! Wir haben den Arbeiter schuften lassen und anschließend die Ausgangslage wieder hergestellt. Im Struktogramm weist die »FOR ... TO(DOWNTO) ... DO«-Schleife das in der folgenden Abbildung dargestellte Aussehen auf. Dabei muß noch darauf hingewiesen werden, daß das dargestellte Symbol nicht DIN-gerecht ist, aber vielfach verwendet wird, um die »FOR ... TO«-Schleife von den noch darzustellenden Schleifenarten besser unterscheiden zu können.

Wenn Sie sich strikt an die vorgegebenen Regeln für die "Nassi-Shneidermann"-Diagramme (Struktogramme) und die DIN 66261 halten, müssen Sie die »FOR ... TO«- und die »WHILE ... DO«-Schleifen mit ein und demselben Symbol darstellen. Um welche Schleifenart es sich konkret handelt, muß dann aus der Diagrammbeschriftung eindeutig hervorgehen.

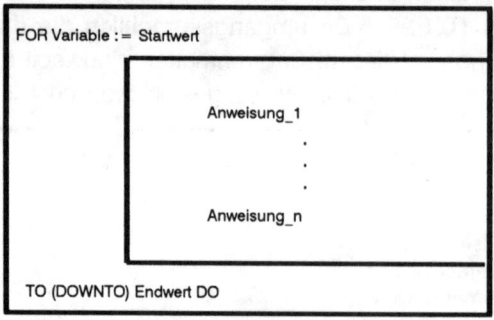

Kommen wir zurück zu der Aufgabenstellung unseres Beispiels. Es sollen die natürlichen Zahlen von 1 bis 50 (einschließlich) aufsummiert und anschließend das Ergebnis der Berechnungen ausgegeben werden. Bei Verwendung der »FOR ... TO ... DO«-Schleife sieht eine der möglichen Lösungen folgendermaßen aus:

```
PROGRAM Summe1;
{ SUMME1.PAS
  Das Programm summiert die natürlichen Zahlen von 1 bis 50 und gibt das
  Ergebnis aus. Dazu wird eine FOR .. TO .. DO - Schleife benützt. }
VAR
  i,
  summe : INTEGER;
BEGIN
  Summe : = 0;
  FOR i : = 1 TO 50 DO
    Summe : = Summe + i;
  WriteLn('Die Summe der Zahlen 1 bis 50 lautet: ', Summe);
END.
```

Eine Besonderheit finden Sie im Programm vor, mit der Sie noch nicht
vertraut sein dürften. Bisher haben wir alle verwendeten Variablen durch
Eingaben von der Tastatur belegt oder ihnen das Ergebnis von Berechnungen zugewiesen. Dadurch wurden eventuell in den Variablen vorhandene Werte überschrieben. Variablen werden jedoch (anders als in
BASIC) nicht automatisch vorbelegt.

In unserem Programm müssen wir zunächst dafür sorgen, daß möglicherweise vorhandene Werte gelöscht werden. Dazu setzen wir die Variable
»Summe« zunächst auf Null (Summe : = 0). Wenn Sie diese Vorbelegung
vergessen und in der Speicherstelle, die vom Programm für »Summe« in
Anspruch genommen wird, befindet sich schon ein Wert, erhalten Sie
meist recht überraschende Ergebnisse.

Diesen Effekt können Sie ganz einfach dadurch überprüfen, daß Sie die
Zeile »Summe : = 0« durch Setzen von geschweiften Klammern in einen
Kommentar verwandeln. Wenn Sie das Programm anschließend mehrfach
ablaufen lassen, wird jedes Mal das Ergebnis der Berechnungen zum
dann schon vorhandenen Wert der Speicherstelle hinzuaddiert. D.h. nach
dem ersten Lauf des Programms (mit Vorbelegung der Summe) erhalten
Sie das korrekte Ergebnis "1275". Beim zweiten Programmlauf (ohne Null-
setzen) wird "2550" als Ergebnis gemeldet. Beim dritten Programmlauf erhalten Sie »3*1275 = 3825« usw.

Hinweise: Daß bei der »FOR ... TO ... DO« - Schleife die Bedingung vorher überprüft wird, können Sie daran erkennen, daß bei einer Startanweisung wie »FOR Anfangswert := 1 TO 0 DO« die zu wiederholenden Anweisungen kein einziges Mal ausgeführt werden.

Da in der »FOR ... TO ... DO«-Schleife eine ordinale Variable als Laufvariable verwendet werden muß, können »REAL«-Zahlen zu diesem Zweck nicht verwendet werden.

REPEAT ... UNTIL

Bemühen wir zur Verdeutlichung der zweiten Schleifenform, der »REPEAT ... UNTIL«-Schleife, wieder unseren schwer arbeitenden Freund, den Bauarbeiter. Diesmal taucht der Boß auf der Baustelle auf, sieht, daß der Lkw immer noch (eigentlich ja schon wieder) voll beladen ist, und erteilt dem Arbeiter den Auftrag, die Zementsäcke abzuladen. Da der Boß aber erst mit dem Leiter der Baustelle klären will, wie viele Zementsäcke benötigt werden, sagt er: "Holen Sie schon mal den ersten Sack her, dann teile ich Ihnen mit, unter welcher Bedingung Sie mit dieser Arbeit aufhören können."

Formulieren wir diesen Auftrag an den Bauarbeiter einmal mehr "pascalmäßig", lautet er etwa folgendermaßen:

```
REPEAT
    Zaehle_Anzahl_Saecke_um_Eins_hoch;
    Gehe_los;
    Nimm_Zementsack;
    Trage_Zementsack_her;
    Lege_Zementsack_weg;
UNTIL ...
```

Vorläufig kennen wir die Schleifenabbruchbedingung noch gar nicht, deshalb steht in der UNTIL-Zeile das »...«. Genau das entspricht aber dem Vorgehen bei der »REPEAT ... UNTIL«-Schleife. Zunächst werden die Anweisungen zwischen »REPEAT« und »UNTIL« auf jeden Fall einmal ausgeführt. Danach wird erst geprüft, ob die Anweisungen nochmals ausgeführt werden müssen. In unserem Beispiel hat der Bauarbeiter den ersten Sack vom Lkw geholt und wartet, daß ihm sein Boß mitteilt, ob er weitere Säcke abladen soll. Wie Sie vielleicht noch wissen, wurden gar keine Zementsäcke benötigt, weshalb wir den Arbeiter ja die 25 Säcke auch wieder zum Lkw zurückbringen ließen. Also wurde der Zementsack überflüssigerweise vom Lkw geholt. Die Endbedingung, die der Boß vom Baustellenleiter erfahren hat und an den Arbeiter weitergibt, lautet damit: »UNTIL Anzahl_Saecke = 0«.

Bei Verwendung der »REPEAT ... UNTIL«-Schleife werden die Anweisungen, die von den reservierten Wörtern »REPEAT« und »UNTIL« geklammert sind, in jedem Fall mindestens einmal ausgeführt, und zwar unabhängig davon, wie die nach »UNTIL« angegebene Bedingung lautet. Schematisch läßt sich die »REPEAT ... UNTIL«-Schleife wie folgt darstellen:

```
REPEAT
   Anweisung_1;
   Anweisung_2;
   .
   .
   Anweisung_N;
UNTIL Bedingung;
```

Hinweis: Da durch »REPEAT« und »UNTIL« dazwischenliegende Anweisungen schon umklammert werden, ist eine zusätzliche Klammerung durch »BEGIN ... END« nicht mehr notwendig, schadet aber auch nicht.

Im Struktogramm (Nassi-Shneidermann-Diagramm) wird die »REPEAT ... UNTIL«-Schleife durch das folgende Symbol dargestellt:

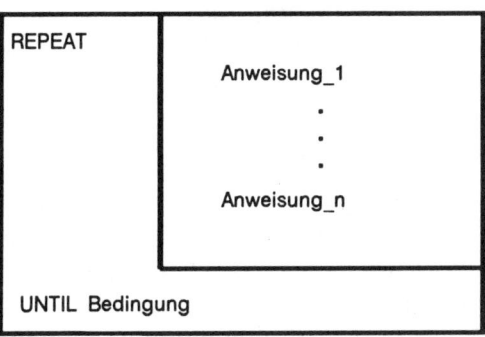

Kehren wir wieder zu unserem anderen Beispiel, der Summierung der natürlichen Zahlen von 1 bis 50, zurück und stellen wir dieses unter Verwendung der »REPEAT ... UNTIL«-Schleife dar, erhalten wir das folgende Programm.

```
PROGRAM Summe2;
{ SUMME2.PAS
  Das Programm summiert die natürlichen Zahlen von 1 bis 50 und gibt das
  Ergebnis aus. Dazu wird eine REPEAT .. UNTIL - Schleife benützt. }

VAR
  i,
  summe : INTEGER;

BEGIN
  Summe := 0;      {  Hinweis: Probieren Sie das Programm einfach einmal
                       ohne Vorbelegung der Variablen mit "Null" aus. }
  i := 0;
  REPEAT
    i := i + 1;
    Summe := Summe + i
  UNTIL i = 50;
  WriteLn('Die Summe der Zahlen 1 bis 50 lautet: ', Summe)
END.
```

Diesmal muß die Zählvariable »i« durch eine entsprechende Anweisung im Programmtext hochgezählt werden. »REPEAT ... UNTIL« erledigt dies im Gegensatz zur »FOR ... TO ... DO«-Schleife nicht automatisch. (Beachten Sie auch, daß die Zählvariable ebenso wie die Variable »Summe« initialisiert, d.h. vorbelegt, werden muß, um zu gewährleisten, daß »i« mit dem richtigen Wert in die »REPEAT ... UNTIL«-Schleife startet.) Bei jedem Schleifendurchlauf wird »i« in unserem Beispiel jeweils um Eins erhöht. Wenn die Summe zum ersten Mal gebildet wird, hat »i« den Wert »1«. Beim letzten Durchlauf der Schleife wird die Zählvariable von 49 auf 50 erhöht und anschließend die Summe berechnet, so daß insgesamt die Zahlen von 1 bis einschließlich 50 bei der Summenbildung erfaßt werden.

WHILE ... DO

Damit kommen wir zur dritten und letzten Schleifenform, der »WHILE ... DO«-Schleife. Diesmal soll zunächst das fertige Programm für die Addition der Zahlen von 1 bis 50 vorgestellt werden, das im folgenden abgedruckt ist.

```
PROGRAM Summe3;
{ SUMME3.PAS - TP 6.0 - Stand: 11.02.91
  Das Programm summiert die natürlichen Zahlen von 1 bis 50 und gibt das
  Ergebnis aus. Dazu wird eine WHILE .. DO - Schleife benützt. }

VAR
  i,
  summe : INTEGER;

BEGIN
  Summe : = 0;
  i : = 0;

  WHILE i < 50 DO BEGIN
    i : = i + 1;
    Summe : = Summe + i;
  END;

  WriteLn('Die Summe der Zahlen 1 bis 50 lautet: ', Summe)
END.
```

Da, verglichen mit der »REPEAT ... UNTIL«-Schleife, alles beim alten ge-
blieben ist bis auf die »WHILE ... DO«-Schleife selbst, die anstelle der
»REPEAT ... UNTIL«-Schleife verwendet wird, können wir uns mit den Erläuterungen auf diese beschränken. Bei der »WHILE ... DO«-Schleife wird,
bevor die Anweisungen innerhalb der Schleife ausgeführt werden, zunächst überprüft, ob die Bedingung erfüllt ist. Nur wenn das der Fall ist,
werden die Anweisungen innerhalb der Schleife ausgeführt. Daher wird
die Endbedingung auch am Anfang der Schleife angegeben und muß
etwas anders formuliert werden.

Doch zunächst sollen erst einmal die allgemeine Form der »WHILE ...
DO«-Schleife und das dazugehörige Nassi-Shneidermann-Diagramm dargestellt werden.

```
WHILE Bedingung DO BEGIN
  Anweisung_1;
  Anweisung_2;
      .
      .
  Anweisung_N;
END;
```

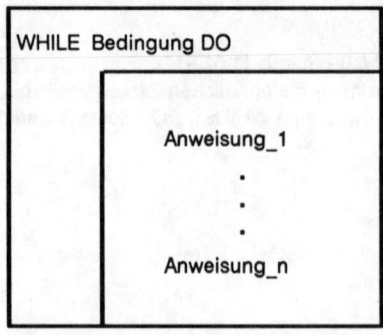

```
WHILE  Bedingung DO

        Anweisung_1
            .
            .
            .
        Anweisung_n
```

Alle Bedingungen, mit denen wir es bisher zu tun hatten, haben den Wert einer Variablen mit einem konstanten Wert verglichen und dabei überprüft, ob diese "gleich" sind. Wenn wir die »WHILE ... DO«-Schleife umgangssprachlich formulieren, lautet diese »Solange der angegebene Sachverhalt (die Bedingung) erfüllt ist, mache folgendes: ...«. Damit läßt sich nicht mehr, wie wir dies bisher getan haben, schreiben:

```
WHILE Variable = Fester_Wert DO ...
```

Wir verändern ja den Wert der Variablen bei jedem Schleifendurchlauf und addieren diesen jeweils zu der Variablen »Summe« hinzu. Daher müssen wir sagen: »Solange ein bestimmter Wert der Zählvariablen nicht überschritten worden ist, führe die folgenden Operationen durch«. Oder:

```
WHILE i < 50 DO BEGIN ...
```

(Solange i kleiner als 50 ist, mache folgendes ...) Wie Sie sicherlich schon bemerkt haben werden, handelt es sich bei der »WHILE ... DO«-Schleife um ein scheinbar etwas umständliches Gebilde. Daher bemühen wir zuletzt noch einmal unseren schwer strapazierten Bauarbeiter und formulieren: "Solange du weniger als 50 Säcke hergeschleppt hast (WHILE Anzahl_Saecke < 50 DO), hole jeweils einen weiteren Sack und zähle dabei die Anzahl der hergeschleppten Säcke mit." Pascalmäßiger:

```
WHILE Anzahl_Saecke < 50 DO BEGIN
    Zaehle_Anzahl_Saecke_um_eins_hoch;
    Hole_Sack_vom_Lkw_her;
END;
```

Dabei umfaßt die Anweisung »Hole_Sack_vom_Lkw_her« jetzt das Losgehen, das Herunterhieven usw. Hoffentlich haben wir damit die "letzten Klarheiten" beseitigt. Weitere sogenannte "Vergleichsoperatoren", die Sie in Bedingungen einsetzen können, werden wir im folgenden Abschnitt vorstellen. Bisher haben Sie lediglich die Symbole für "gleich" und "kleiner als" kennengelernt.

Zusammenfassung
Sie haben im vorausgegangenen Abschnitt alle von Turbo Pascal zur Vefügung gestellten Schleifenarten kennengelernt:

- die »FOR ... TO ... DO«-Schleife (Zählschleife)
- die »REPEAT ... UNTIL«-Schleife und
- die »WHILE ... DO«-Schleife

Obwohl diese Schleifenarten recht unterschiedlich sind, lassen sich, bei entsprechender Variation des Restprogramms, die meisten Problemstellungen mit jeder dieser Schleifenformen lösen. Dies wurde an zwei Beispielen demonstriert, an dem Bauarbeiterbeispiel und an der Aufsummierung der natürlichen Zahlen.

So ganz nebenbei haben Sie die restlichen Symbole für die Erstellung von Struktogrammen kennengelernt. Insgesamt gibt es davon fünf (bzw. sechs, wenn Sie das Sondersymbol, das wir für die »FOR ... TO ... DO«-Schleife verwendet haben, mitzählen):

- einfache Anweisungen (der einfache rechteckige Kasten);
- »IF ... THEN ... ELSE«-Anweisungen;
- die »FOR ... TO ... DO«-Zählschleife;
- die »REPEAT ... UNTIL«-Schleife;
- die »WHILE ... DO«-Schleife;
- die CASE-Struktur.

Für jede der Schleifen haben Sie ein Beispielprogramm zur Verfügung, das Sie hoffentlich auch eingegeben und compiliert haben.

Vergessen Sie bitte nicht, daß Variablen durch Turbo Pascal nicht automatisch vorbelegt werden, daß Sie also gegebenenfalls selbst dafür sorgen müssen, daß sie richtig initialisiert werden.

Übungen und Fragen

1.) Welche der verschiedenen Schleifenformen, die Sie kennengelernt haben, würden Sie für die Aufgabenstellung "Aufsummierung der natürlichen Zahlen" verwenden und warum? Worin unterscheiden sich die einzelnen Schleifenformen?

2.) Schreiben Sie ein Programm, das den Mittelwert aus einer beliebigen Anzahl über die Tastatur einzugebender reeller Zahlen berechnet und diesen ausgibt. Das Programm soll solange neue Werte einlesen, bis der Programmanwender eine Null eingegeben hat.

3.) Schreiben Sie ein Programm, das einen beliebigen Währungsbetrag von der Tastatur einliest. Anschließend sollen die Zinsen für die (ganzzahligen) Zinssätze zwischen 2 und 10 Prozent berechnet, jeweils dem eingegebenen Betrag hinzuaddiert und ausgegeben werden.

Der Betrag inklusive Zinsen ergibt sich aus:

Endkapital : = Anfangskapital * (1 + Zinssatz)

Formatieren Sie die Ausgabe und verwenden Sie dabei drei Nachkommastellen.

Fehlersuche mit dem Debugger

An dieser Stelle ist es sicher eine gute Idee, erstmals den integrierten Debugger von Turbo Pascal in Anspruch zu nehmen. *Bug* heißt soviel wie "Wanze" und der Begriff *Debugging* für das Aufspüren von Fehlern im Programmablauf stammt wohl noch aus der Zeit, als die Relais der Rechenmaschinen durch Kerbtiere blockiert werden konnten. Eine der Einsatzmöglichkeiten des Debuggers besteht darin, Programmteile, über deren Wirkungsweise man sich nicht ganz im klaren ist, schrittweise ausführen zu lassen. Daher sollten Sie dies an den Beispielprogrammen des letzten Abschnitts mit Hilfe des Debuggers einmal durchführen. Die schrittweise Ausführung eines Programms wird auch als »Tracen« bezeichnet.

Ziel dieses Abschnitts ist es, Ihnen zu zeigen, wie Sie den Inhalt von Variablen überwachen und die Wirkung einzelner Programmschritte nachvollziehen können. Wir erläutern das dazu notwendige Vorgehen am Programmbeispiel zur »FOR ... TO ... DO«-Schleife.

Mit »Run/Trace into« bzw. über die "heiße Taste" «F7» können Sie ein Programm innerhalb der integrierten Entwicklungsumgebung zeilenweise ablaufen lassen. Das Programm wird, sofern es nicht in compilierter Form im Speicher oder auf Diskette vorliegt, zunächst einmal compiliert. Mit jedem Aufruf von »Trace Into« bzw. jeder Betätigung von «F7» wird eine weitere Programmzeile ausgeführt.

Rufen Sie die integrierte Entwicklungsumgebung auf. Laden Sie jetzt das Programm »Summe1.pas« entweder über die Menüauswahl »File/Load« oder mit der Funktionstaste «F3». Denken Sie daran, nötigenfalls vorher schon geöffnete Fenster durch einen Mausklick im Schließfeld links oben oder mit «ALT-F3» schließen.

Anschließend können Sie in der Files-Box mit Hilfe der Pfeiltasten und «Enter» oder mit einem Doppelklick der Maus diese Datei auswählen. Wenn der Cursor im ersten Feld steht, gelangen Sie durch Drücken eines Buchstabens zur ersten Datei, die mit dem entsprechenden Buchstaben beginnt. Außerdem erhalten Sie im Eingabefeld mit der Taste «PfeilAb» eine Auswahlliste der zuletzt bearbeiteten Dateien.

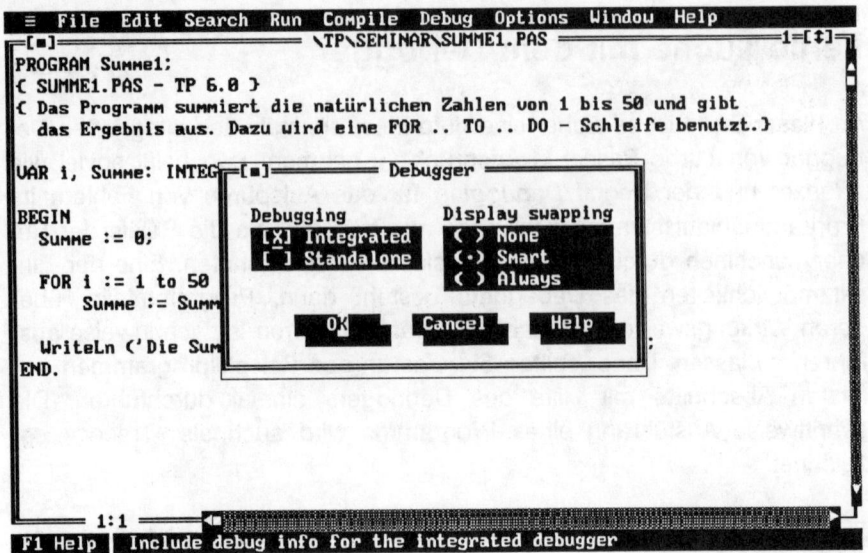

```
= File  Edit  Search  Run  Compile  Debug  Options  Window  Help
r[■]══════════════ \TP\SEMINAR\SUMME1.PAS ══════════════1=[↕]═
PROGRAM Summe1;
{ SUMME1.PAS - TP 6.0 }
{ Das Programm summiert die natürlichen Zahlen von 1 bis 50 und gibt
  das Ergebnis aus. Dazu wird eine FOR .. TO .. DO - Schleife benutzt.}

VAR i, Summe: INTEG┌[■]═══════ Debugger ═══════
                   │
BEGIN              │ Debugging          Display swapping
  Summe := 0;      │ [X] Integrated     ( ) None
                   │ [ ] Standalone     (·) Smart
  FOR i := 1 to 50 │                    ( ) Always
      Summe := Summ│
                   │    ┌───────┐ ┌────────┐ ┌──────┐     ;
  WriteLn ('Die Su │    │  OK   │ │ Cancel │ │ Help │
END.               │    └───────┘ └────────┘ └──────┘
                   └
```
═ 1:1 ════◄▐▓▓▐►
F1 Help │ Include debug info for the integrated debugger

Überzeugen Sie sich dann davon, daß die Menüoptionen »Options/Debugger« auf "Integrated" gestellt sind. »Display swapping Smart« bedeutet, daß der Debugger bei jedem Schritt prüft, ob eine Bildschirmausgabe stattfindet. Mit »Window/Watch« oder einem Mausklick auf den Doppelpfeil rechts oben öffnen Sie das "Watch-Fenster" in dem Sie die Variablen »i« und »Summe« beobachten können.

Bewegen Sie den Cursor auf den Bezeichner »Summe«. Drücken Sie die Tastenkombination «Ctrl-F7» (oder wählen Sie über die Menüs »Debug/Watch« und anschließend »Add watch«), und bestätigen Sie dann den im Fenster angezeigten Variablenbezeichner mit der «Enter»-Taste. Anschließend wird im Watch-Fenster

     Summe: Unknown identifier

angezeigt. Fahren Sie mit dem Cursor auf den Variablenbezeichner »i« und wiederholen Sie das soeben dargestellte Vorgehen für diesen Bezeichner. Danach sollte Ihr Bildschirm folgendermaßen aussehen:

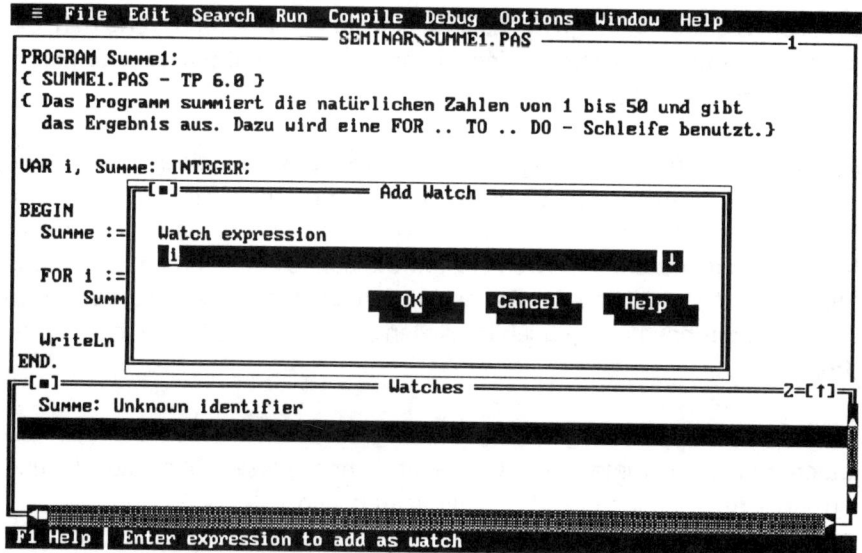

Drücken Sie jetzt die Funktionstaste «F7». Gegebenenfalls wird Ihr Programm zunächst compiliert. Anschließend können Sie sehen, wie die Zelle, in der sich das »BEGIN« befindet, durch einen Balken hervorgehoben wird, der die Position anzeigt, an der Sie sich beim schrittweisen Ausführen des Programms gerade befinden.

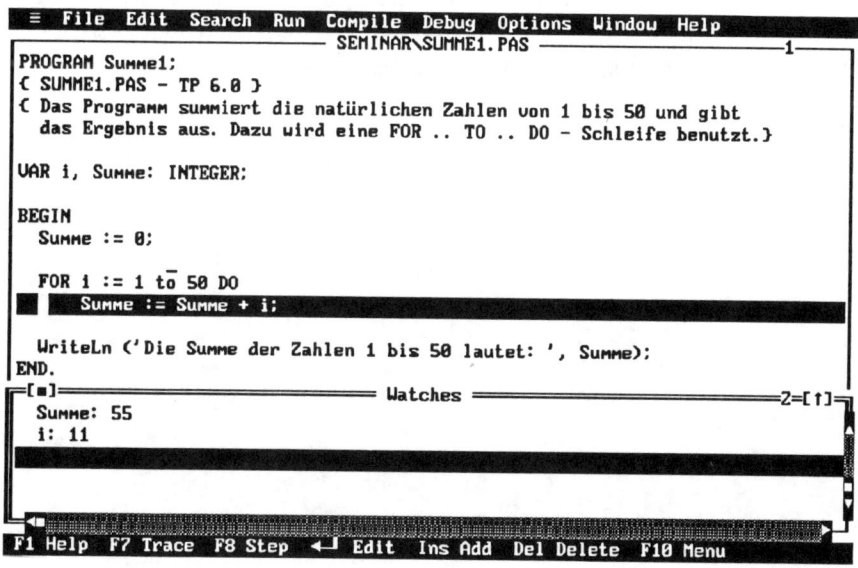

Fehlersuche mit dem Debugger

Drücken Sie jetzt wiederholt die Funktionstaste «F7», und verfolgen Sie dabei, wie sich die Werte in den Variablen »i« und »Summe« bei jedem Schleifendurchlauf verändern.

Mit der Funktionstaste «F6» oder einem Mausklick ins Feld können Sie in den Watches-Bereich des Bildschirms gelangen. Wenn Sie den Weg über die Menüs gehen, wird das Löschen von zu beobachtenden Variablen im Menü »Debug/Watches« bewerkstelligt. Die schnellere Variante ist die, daß Sie in den Watches-Bereich wechseln, den Cursor in die Zeile der zu löschenden beobachteten Variablen stellen und die Taste «Entf» bzw. «Del» drücken.

Machen Sie von der Möglichkeit, ein Programm in einzelnen Schritten ablaufen zu lassen, immer dann Gebrauch, wenn Sie sich über die Wirkung einzelner Anweisungen nicht ganz im klaren sind.

Aufgabe: Wiederholen Sie dieses Vorgehen für die anderen Schleifenformen und lassen Sie auch die Programmbeispiele für die »IF ... THEN ... ELSE«-Anweisung und die »CASE ... OF«-Struktur mit unterschiedlichen Eingaben schrittweise ablaufen. Jedes Mal, wenn eine Eingabe vom Benutzer erwartet wird, schaltet Turbo Pascal automatisch auf den "Benutzerbildschirm" um. Sie können aber auch jederzeit manuell durch Drücken von «Alt-F5» den aktuellen Inhalt des Benutzerbildschirms inspizieren.

Einfache Datentypen

In den vorausgegangenen Abschnitten haben Sie die meisten der Anweisungen und Kontrollstrukturen kennengelernt, die notwendig sind, um durch Programme einfache Berechnungen durchführen zu lassen. Sie kennen die verschiedenen numerischen Datentypen und die Kontrollstrukturen, die Ihnen Turbo Pascal zur Verfügung stellt. Sie haben gesehen, wie mehrere Anweisungen durch die Klammerung mit »BEGIN ... END« zu Anweisungsblöcken zusammengefaßt worden sind.

Bevor wir auf weitere Einzelheiten eingehen, werden in den folgenden Abschnitten die Datentypen im Überblick dargestellt. Gleichzeitig stellen wir eine Reihe vordefinierter Funktionen vor, die immer wieder im Zusammenhang mit diesen Datentypen benötigt werden, wie z.B. das Runden von reellen Zahlen oder das Umwandeln von Klein- in Großbuchstaben.

Wie Sie wissen, legen Sie bei der Deklaration von Variablen deren Datentyp fest. Sie bestimmen damit das Format, in dem diese Variablen im Speicher abgelegt werden und deren Wertemenge. Eines der grundlegenden Konzepte von Pascal ist die Annahme, daß strenge Datentypüberprüfungen dazu beitragen, leichter fehlerfreie Programme zu schreiben. Grundsätzlich müssen auf beiden Seiten einer Zuweisung Variablen und Ausdrücke von ein und demselben Datentyp sein. Es gibt nur eine Ausnahme von dieser Regel: Die Variable auf der linken Seite kann ein reeller Datentyp sein, wenn der Ausdruck auf der rechten Seite vom Zuweisungsoperator ganzzahlig ist.

In Pascal können Sie vordefinierte Datentypen verwenden, Sie können sich aber auch eigene Datentypen aufbauen und sollten das auch möglichst häufig tun, da geschickt gewählte Typen Aufbau und Lesbarkeit wesentlich vereinfachen können. Bei den vordefinierten Datentypen wird zwischen »einfachen« und »strukturierten« Datentypen unterschieden. Zu den einfachen Datentypen gehören

- die ganzzahligen Datentypen (INTEGER, BYTE, WORD, ShortInt und LongInt),

- die reellzahligen Datentypen (REAL, SINGLE, DOUBLE, EXTENDED und COMP),

---

- der Datentyp CHAR, der einzelne Zeichen aufnehmen kann,

- Aufzählungstypen und

- BOOLEAN.

Ganzzahlige Datentypen

Da Sie die ganzzahligen Datentypen INTEGER und BYTE und die zugehörigen arithmetischen Operatoren bereits kennengelernt haben, beschränken wir uns an dieser Stelle auf die Darstellung der Vergleichsoperatoren und einer Operation, mit der Sie eine Integer-Zahl vom Typ BYTE in ein Zeichen (Datentyp CHAR) umwandeln können.

Vergleichsoperatoren

Die folgenden Operatoren können Sie z.B. in Verbindung mit »IF ... THEN ... ELSE« einsetzen, um Bedingungen zu setzen. Das Ergebnis solcher Vergleiche ist vom Datentyp »BOOLEAN« und kann nur die Werte "wahr" oder "falsch" ("true" oder "false") annehmen.

Relation	Bedeutung
a > b	a größer als b
a < b	a kleiner als b
a >= b	a größer gleich b
a <= b	a kleiner gleich b
a = b	a gleich b
a <> b	a ungleich b

Betrachten wir ein paar Beispiele, in denen wir annehmen, daß die Variable »a« den Wert »5« und die Variable »b« den Wert »7« beinhaltet.

Vergleich	Ergebnis
a > b	falsch
a < b	wahr
a >= 5	wahr
a <= 9	wahr
a = b	falsch
a <> b	wahr
a <> 5	falsch
a < 3	falsch

Hinweis: Die "Spitze" der Operatoren »<« und »>« zeigt immer auf die Variable oder die Konstante, die kleiner sein müßte, damit der Vergleich das Ergebnis "wahr" ergibt.

Die Typumwandlungsfunktion »CHR«

Oft ist es notwendig, Zahlenwerte in Buchstaben bzw. Zeichen umzuwandeln. Zu diesem Zweck können Sie die Funktion »Chr« verwenden, die eine ganze Zahl vom Datentyp BYTE in ein einzelnes Zeichen des ASCII-Zeichensatzes umwandelt.

Das folgende kleine Programm demonstriert die Wirkungsweise der Funktion »Chr«. Es gibt alle Zeichen des ASCII-Zeichensatzes formatiert auf dem Bildschirm aus. Dabei können die ASCII-Zeichen mit den Kennziffern 7, 10 und 13 normalerweise nicht auf dem Bildschirm dargestellt werden, da sie spezielle Funktionen, wie z.B. einen Zeilenvorschub, auslösen. Durch die im Programm vorgenommene Ausgabeformatierung wird zwischen den einzelnen Zeichen jeweils ein Leerzeichen eingefügt.

```
PROGRAM Byte_To_Chr;
{ BYTE_CHR.PAS }

VAR i : BYTE;

BEGIN
  FOR i : = 0 TO 255 DO Write(Chr(i):2);
END.
```

»Real«-Datentypen

Auch der Datentyp REAL ist Ihnen schon geläufig. Die verwendbaren Vergleichsoperatoren entsprechen den bei den Integer-Datentypen dargestellten. Es gibt in Turbo Pascal zwei Umwandlungsfunktionen, die es ermöglichen, reelle Zahlen in Integer-Zahlen zu überführen. Dies sind die Funktionen »Round« und »Trunc«. Zusätzlich verfügt der Compiler über die Funktion »Int«, mit der Sie den ganzzahligen Anteil einer reellen Zahl ermitteln können, ohne dabei den Datentyp der Zahl zu verändern.

Die Funktion Int

Die Funktion »Int« liefert den ganzzahligen Anteil einer reellen Zahl oder Variablen zurück. Es folgen einige Beispiele für die Wirkung dieser Funktion:

Anweisung	Ergebnis
Real_Var := Int(2.4);	2.0
Real_Var := Int(0.99);	0.0
Real_Var := Int(-1.2);	-2.0
Real_Var := Int(1.01)	1.0
Real_Var := Int(-3.4);	-4.0

Auf den ersten Blick erscheint es Ihnen möglicherweise etwas merkwürdig, daß –1.2 zu –2.0 und –3.4 zu –4.0 wird. Am leichtesten läßt sich dieser Sachverhalt am Zahlenstrahl darstellen, auf dem Sie immer nach "links" gehen müssen, um das Ergebnis der Funktion »Int« zu bestimmen:

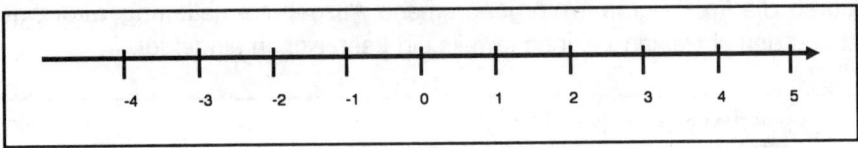

Hinweis: »Int« wandelt reelle Zahlen *nicht* in eine Zahl vom Datentyp INTEGER um!

Die Funktion Round

Die zweite der angesprochenen Funktionen rundet eine reelle Zahl auf einen ganzzahligen Wert. Wenn sich der Wert der zu rundenden Zahl genau zwischen zwei Zahlen befindet, wird in Richtung des größeren Absolutbetrags gerundet. Verdeutlichen Sie sich den Sachverhalt am Zahlenstrahl! Es folgen wieder einige Beispiele:

Anweisung	Ergebnis
Int_Var := Round(3.5)	4
Int_Var := Round(3.1)	3
Int_Var := Round(3.7)	4
Int_Var := Round(-3.5)	-4
Int_Var := Round(-3.2)	-3

Die Funktion Trunc

Die dritte der angesprochenen Funktionen, »Trunc« (*truncate*), wandelt einen Realwert durch "Abschneiden" der Nachkommastellen in einen Integerwert um. Auch hierzu wieder ein paar Beispiele:

Anweisung	Ergebnis
Int_Var := Trunc(2.9);	2
Int_Var := Trunc(3.1)	3
Int_Var := Trunc(-3.1)	-3

Der Datentyp CHAR

Über den Datentyp »CHAR« lassen sich einzelne Zeichen erfassen. "Character" sind Zeichen. Der Datentyp »CHAR« umfaßt beim PC alle 256 Zeichen des ASCII-Zeichensatzes. Dazu gehören Buchstaben ['A'..'Z','a'..'z'], Zahlzeichen ['0' .. '9'], Satzzeichen und die Sonderzeichen des ASCII-Zeichensatzes. Obwohl der Datentyp »CHAR« im Speicher, wie der Datentyp »BYTE«, ein Byte belegt, lassen sich Daten vom Typ »CHAR« nicht Variablen vom Typ »BYTE« zuweisen. In Turbo Pascal gibt es bezüglich des Datentyps »CHAR« einige Besonderheiten, die in dem folgenden Programmbeispiel deutlich werden.

```
PROGRAM Character_Demo;
{ CHARACTE.PAS }
VAR
   CH  : CHAR;
BEGIN
   CH := 'A';              { Großes 'A' }
   WriteLn(CH);            { Gibt 'A' aus }
   WriteLn(Ord(CH));       { Ord(Ch) liefert ASCII-Code-Nummer des Zeichens }
   CH := #65;              { Auch großes 'A' }
   WriteLn(CH);            { Gibt wieder 'A' aus. }
   CH := ^a;               { Entspricht Ctrl-A, Zeichen mit ASCII-Code 1. }
   WriteLn(CH);            { Gibt einen 'Guppi' aus!! }
   WriteLn(Ord(CH));       { Zu ^a gehörige ASCII-Nummer }
   Write(^G^J^M, 'Nächste Zeile '^G^G^J^M, 'Noch 'ne Zeile tiefer!!');
END.
```

Normalerweise schließen Sie Daten vom Typ »CHAR« ebenso wie Strings (Zeichenketten) mit einfachen Hochkommas ein. Sie haben aber auch die Möglichkeit, Sonderzeichen durch Angabe des ASCII-Codes einer Variablen zuzuweisen. Dann müssen Sie der Zahl, die die Nummer des ASCII-Codes des entsprechenden Zeichens repräsentiert, nur ein »#« direkt voranstellen, wie Sie im obigen Beispiel sehen können. Zusätzlich lassen sich Sonderzeichen noch als "Control-Codes" durch Voranstellen eines Carets (»^«) einer »CHAR«-Variablen zuweisen. Anstelle von »^A« können Sie aber auch »#1« schreiben. Steuercodes mit vorangestelltem Caret finden Sie des öfteren zur Steuerung der Ausgabe, da sich so innerhalb von »Write« oder »WriteLn« Steuerzeichen einfügen lassen. So lassen sich, wie im Beispiel dargestellt, problemlos akustische Signale und Zeilenvorschübe innerhalb von Ausgabeanweisungen realisieren.

Die Funktion Ord

Ein Beispiel für diese Funktion finden Sie ebenfalls in dem letzten Programmbeispiel. »Ord« stellt das Gegenstück zur Funktion »Chr« dar und liefert die Ordinalzahl des Arguments und damit die Position des Zeichens im ASCII-Zeichensatz zurück.

Anweisung	Ergebnis
Int_Var := Ord('A');	65
Int_Var := Ord(#4);	4
Int_Var := Ord(^G);	7

Übrigens können Sie in Verbindung mit Daten vom Typ »CHAR« dieselben Vergleichsoperatoren wie bei reellen und ganzen Zahlen verwenden. Dabei müssen Sie jedoch berücksichtigen, daß die Rangordnung der Zeichen den durch den ASCII-Code festgelegten Kennzahlen entsprechen. Die deutschen Umlaute 'Ä', 'ö' usw. werden dementsprechend *nach* einem 'z' einsortiert. Daraus ergeben sich bei der Anpassung von Programmen an die deutsche Sprache einige zusätzliche Probleme.

Der Datentyp »CHAR« wird in Programmen meist dazu verwendet, um Menüauswahlen von der Tastatur entgegenzunehmen. Eine typische Schleife zum Einlesen eines einzelnen Zeichens wird mit Hilfe von »REPEAT ... UNTIL« und dem Datentyp »CHAR« z.B. so formuliert:

```
REPEAT
   ch : = ReadKey
UNTIL (ch = 'n') OR (ch = 'N');
```

Hinweis: Die Funktion »ReadKey« ist nur dann verfügbar, wenn das Unit Crt über »USES CRT« mit in die Compilierung einbezogen wird.

Die Funktion UpCase

Neben der Umwandlungsfunktion »Ord« von Zeichen in Ganzzahlen verfügen Sie mit Turbo Pascal über eine Funktion, mit der Sie Klein- in Großbuchstaben konvertieren können. Dabei werden die deutschen Umlaute jedoch nicht berücksichtigt. »UpCase« wandelt lediglich die Kleinbuchstaben 'a' bis 'z' in die entsprechenden Großbuchstaben um. Alle anderen Zeichen werden nicht verändert. Auch hierzu wieder einige Beispiele:

Anweisung	Ergebnis	Umgewandelt
Ch := UpCase('ä');	'ä'	nein
Ch := UpCase('a');	'A'	ja
Ch := UpCase('B')	'B'	nein
Ch := Upcase('?');	'?'	nein

Logische Variablen (BOOLEAN)

Variablen vom Typ »BOOLEAN« sind logische Variablen und können nur die Werte »True« (wahr) oder »False« (falsch) annehmen. Über Boolesche Variablen können Sie die Ergebnisse von logischen Ausdrücken erfassen. Boolesche Variablen lassen sich innerhalb von Programmen so verwenden, daß durch sie die Lesbarkeit der Programme beträchtlich erhöht wird. Eine Schleife der Form

```
REPEAT
   Lies_Taste;
UNTIL Ende;
```

ist wohl jedem sofort verständlich. »Ende« ist dabei vom Typ »BOOLEAN«. Damit wird die »REPEAT ... UNTIL«-Schleife verlassen, wenn »Ende« der Wert »True« zugewiesen worden ist.

Einfache Datentypen

Da Boolesche Variablen nur zwei Werte annehmen können, sind für sie lediglich die Operatoren »=« (gleich) und »<>« (ungleich) zulässig. Mehrere logische Ausdrücke lassen sich über die in der folgenden Tabelle dargestellten Operatoren verknüpfen.

Operator	Bedeutung
AND	logisches Und
OR	logisches Oder
XOR	logisches exklusives Oder
NOT	logisches Nicht

Aufzählungstypen

Aufzählungstypen sind selbstdefinierte Datentypen, deren Wertebereich durch Aufzählen festgelegt wird. Auch Aufzählungstypen tragen sehr zur Lesbarkeit von Programmen bei. Sehen Sie sich das kleine Beispielprogramm an, in dem einige Datentypen deklariert werden:

```
PROGRAM Typdeklarationen;
{ TYPEN.PAS }
TYPE
  MyInteger  = INTEGER;
  MyReal     = REAL;
  Wochentag = (Montag, Dienstag, Mittwoch, Donnerstag, Freitag, Samstag,
               Sonntag);
  Geschlecht = (maennlich, weiblich);
VAR
  Tag : Wochentag;
BEGIN
  Tag := Dienstag;
  IF (Tag = Sonntag) OR (Tag = Samstag) THEN
      WriteLn('Wochenende!')
  ELSE
      WriteLn('Wochentag');
END.
```

Zunächst finden Sie die Typen »MyInteger« und »MyReal«, die lediglich andere Bezeichner für vorhandene vordefinierte Datentypen darstellen. Danach werden die Typen »Wochentag« und »Geschlecht« durch Aufzählung ihrer Wertemenge deklariert.

Für den Datentyp »Wochentag« folgt anschließend eine kleine Beispielroutine. Der »THEN«-Zweig der »IF ... THEN ... ELSE«-Anweisung kann nur dann zur Ausführung kommen, wenn im Programm entweder Sonntag oder aber Samstag der Variablen »Tag« zugewiesen wird. Das logische »Oder« (»OR«) verknüpft die beiden Teilausdrücke logisch miteinander.

Leider weisen Aufzählungstypen einen Nachteil auf, der ihre breite Verwendung einschränkt. Sie lassen sich weder über die »ReadLn«-Anweisung einlesen, noch lassen Sie sich über »WriteLn« schreiben. Für Ein- und Ausgaben müssen gesonderte Hilfsvariablen deklariert werden.

Unterbereichstypen (Subtypes)

Mit Ausnahme der Datentypen für die Erfassung von reellen Zahlen lassen sich zu allen bisher behandelten Datentypen Unterbereichstypen deklarieren. Diese sind ein Ausschnitt aus der Wertemenge eines zugrundeliegenden, vorher definierten Datentyps.

Mit der Typdeklaration

```
TYPE
   Bis_Tausend = 0 ... 1000;
```

können Sie z.B. einem Teilbereich der ganzen Zahlen einen eigenen Datentyp zuweisen. Die Deklaration eines solchen Typs ist insbesondere deshalb sinnvoll, weil der Compiler bei allen später deklarierten Variablen dieses Typs die richtige Einhaltung des zulässigen Wertebereichs überprüft und Bereichsüberschreitungen mit entsprechenden Fehlermeldungen quittiert. »Bis_Tausend« umfaßt nach der obigen Deklaration alle ganzen Zahlen im Bereich von Null bis Eintausend.

Aufgabe: Definieren Sie für das Beispiel im Kapitel "Kontrollstrukturen" (FAHRER3.PAS) den Aufzählungstyp "Fuehrerscheinklasse" und die Variablen "Fuehrerschein" und "Rad" als BOOLEAN. Beachten Sie, daß Aufzählungstypen nicht über ReadLn gelesen werden können, und entwerfen Sie eine geeignete Funktion zu Abfrage.

Zeichenketten (Strings)

Die bisherigen Datentypen konnten Sie dazu benutzen, einzelne Zeichen und numerische Werte aufzunehmen, zu verarbeiten und auszugeben. Turbo Pascal verfügt zusätzlich über den Datentyp »STRING«, der speziell dafür vorgesehen ist, Zeichenketten aufzunehmen. Er zählt nicht mehr zu den einfachen Datentypen und nimmt gewissermaßen eine Zwischenstellung zwischen den *einfachen* und den *strukturierten Datentypen* ein. Da Turbo Pascal eine ganze Reihe zusätzlicher Operationen für Variablen des Datentyps »STRING« zur Verfügung stellt, wird diesem hier ein eigener Abschnitt gewidmet.

Zunächst einmal können Sie sich einen STRING als Aneinanderreihung von einzelnen Zeichen vom Typ »CHAR« vorstellen. Strings lassen sich über die Standardprozeduren »Write« und »WriteLn« schreiben und über »ReadLn« einlesen. Meistens werden Stringvariablen dazu verwendet, Meldungen und Wörter aufzunehmen, die aus mehreren Zeichen bestehen.

Deklaration von String-Typen und String-Variablen

Eine Variable vom Datentyp »STRING« wird folgendermaßen deklariert:

```
VAR
    Zeichenkette1:      STRING;
    Zeichenkette2:      STRING[20];
```

Die Deklaration für die Variable »Zeichenkette1« hätten Sie dabei ebensogut als

```
VAR
    Zeichenkette1: STRING[255];
```

schreiben können. Sie bestimmen Variablen vom Datentyp »STRING« allgemein durch Angabe des Namens für diese Variable, des Wörtchens "STRING" und geben die höchstzulässige Anzahl Zeichen, die diese Variable aufnehmen können soll, zusätzlich in eckigen Klammern an. Wenn Sie die Längenangabe weglassen, wird automatisch die maximale Länge von 255 Zeichen angenommen. Eigene Stringtypen lassen sich folgendermaßen deklarieren:

```
TYPE   String79 = STRING[79];
       String60 = STRING[60];
```

Das ist wichtig, weil Sie bei der Typdeklaration von Parametern in Prozeduren nur einfache Typangaben machen dürfen, also

```
Einlesen (VAR Antwort: string60);
   { aber nicht }
Einlesen (VAR Antwort: string[60]);
```

Operationen und Zuweisungen

Wenn Sie mit Variablen vom Datentyp »STRING« arbeiten, können Sie diese auf zweierlei Arten ansprechen. Erstens können Sie einen String als Einheit behandeln, zweitens lassen sich aber auch einzelne Zeichen des Gesamtstrings in der gleichen Art und Weise wie Variablen vom Datentyp »CHAR« ansprechen. Eine Zuweisung an eine String-Variable als ganzes sieht folgendermaßen aus:

```
Zeichenkette1 : = 'Dies ist ein String!';
```

Der zuzuweisende Wert wird wie beim »CHAR« von einfachen Hochkommas eingeschlossen. Wenn die Hochkommas fehlen, interpretiert der Compiler entsprechende Eintragungen im Programmtext entweder als numerische Werte, oder aber er behandelt sie als Bezeichner.

Über eine Zuweisung der folgenden Art lassen sich auch mehrere Strings zusammenfügen:

```
Zeichenkette1 : = 'Dies ' + 'ist ' + 'ein ' + 'String!'
```

Zeichenketten (Strings)

Anschließend hat »Zeichenkette1« den gleichen Inhalt wie im letzten Beispiel.

Einzelne Zeichen an bestimmten Positionen einer Zeichenkette lassen sich folgendermaßen gezielt ansprechen und belegen:

```
Zeichenkette1[1] := 'A';        {Belegt erstes Zeichen mit 'A' }
Zeichenkette1[5] := #49;        {Belegt fünftes Zeichen mit '1'}
```

Wenn Sie ein einzelnes Zeichen eines Strings ansprechen wollen, müssen Sie lediglich in eckigen Klammern die Position des Zeichens innerhalb des Strings mit angeben. Ansonsten können Sie einzelne Zeichen genauso behandeln, als ob Sie sie als Variablen vom Datentyp »CHAR« deklariert hätten. Sie können einzelne »String«-Zeichen und »Char«-Variablen auch einander zuweisen.

Standard-Prozeduren und Funktionen für Strings

Turbo Pascal stellt eine Reihe von vordefinierten Prozeduren und Funktionen für die Manipulation von Zeichenketten zur Verfügung. Auf den folgenden Seiten werden wir die wichtigsten vordefinierten Prozeduren und Funktionen behandeln, die im Zusammenhang mit Strings Verwendung finden.

Die Funktion Length

Die vordefinierte Funktion »Length« (Länge) gibt – unabhängig von der in der Typdeklaration festgelegten maximalen Länge der Zeichenkette – die *tatsächliche* Länge des in der Variablen gespeicherten Textes aus:

```
PROGRAM Laenge_Feststellen;
{ LENGTH.PAS }

VAR
   Wort:   STRING;
```

Turbo Pascal 6
Programmentwicklung

Das Buch fängt da an, wo das Einsteigerseminar aufhört. Sie brauchen mehr Informationen zum Umgang und zur Programmierung von Turbo Pascal 6? Dieses Buch läßt keine Frage unbeantwortet. So werden Sie in wenigen Schritten zum Profi-Programmierer!

Aus dem Inhalt:

Pascal - Wie Wirth es sah

Grundkurs Informatik

Computer und das binäre Denken

Algorithmen und Datenstrukturen

Wie man Programme entwirft

Die ersten Schritte

Installation

Borlands IDE

Der Editor

Die Online-Hilfe

Der Source-Level-Debugger

Programmieren in Pascal

Programmieren in der IDE

Mein erstes Programm

Datentypen, Variablen, Konstanten

Arrays - Wie ich mein Feld bestelle

Mengen

Aufzählungstypen

Bereichstypen

Record (Variante)

Zeiger - Das unbekannte Wesen

Typumwandlung

Operatoren

Kontrollstrukturen

Bedingte Anweisungen

Mehr über Zeiger

OOPS

Kapselung und Vererbung

Polymorphismus, virtuelle Methoden

Dateiverwaltung

Turbo Vision

Units

Der integrierte Assembler

Der Compiler

Overlays

Programmentwicklung

Debugging

Optimierung

Turbo Pascal ausführlich!

Sie haben das Einsteigerseminar gelesen und suchen jetzt noch mehr Fachliteratur zum Thema Turbo Pascal? Unser Buch "Turbo Pascal Programmentwicklung" hilft Ihnen weiter!

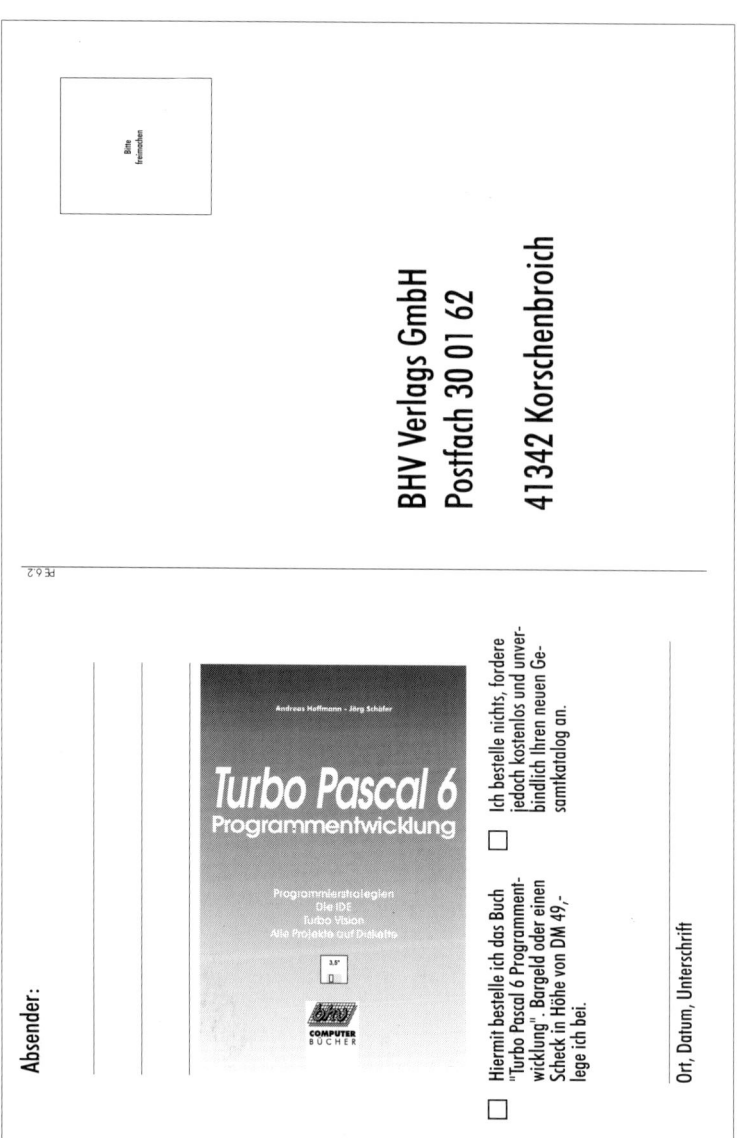

```
BEGIN
    Write ('Geben Sie bitte ein Wort ein: ');
    ReadIn (Wort);

    WriteLn;
    WriteLn ('Das Wort hat', Length (Wort):3, ' Buchstaben!');
END.
```

»Length« stellt die aktuelle Länge eines Strings fest. Dabei werden in der Zeichenkette enthaltene Leerzeichen gegebenenfalls mitgezählt.

Die Funktion UpCase

»UpCase« ist eine Funktion, über die Sie einzelne Zeichen von Klein- in Großschreibung umwandeln. Diese Funktion arbeitet also zeichenorientiert. Um eine komplette Zeichenkette in Großschreibung umzuwandeln, müssen Sie über eine Schleife deren einzelne Zeichen umwandeln.

Die deutschen Umlaute werden von »UpCase« leider nicht berücksichtigt. Einige Beispiele zur Umwandlung einzelner Zeichen finden Sie bei den Erläuterungen zum Datentyp »CHAR«. Im folgenden Beispiel wird eine ganze Zeichenkette in Großschreibung umgewandelt:

```
PROGRAM Klein_Grossschreibung;
{ UPCASE.PAS }

VAR
    Wort: STRING;
    i  : BYTE;

BEGIN
    Wort: = 'fallschirmjäger';
    FOR i : = 1 TO Lenght (Wort) DO
        Wort[i] : = UpCase(Wort[i]);
    WriteLn(Wort);            { Gibt 'FALLSCHIRMJäGER' aus. }
END.
```

Das Programm weist einen Nachteil auf, den wir am Ende des Kapitels noch zu korrigieren gedenken, denn es wandelt das kleine 'ä' nicht mit um. Turbo Pascal ist eben ein amerikanisches Produkt, und das Englische kennt keine Umlaute.

Die Funktion Copy

Mit der Funktion »Copy« können Sie aus einem String einen Teil heraus-
kopieren. Dazu müssen Sie an »Copy«

- den String, aus dem die Zeichen herausgezogen werden sollen,

- die Position, an der der zu kopierende Teilstring beginnt, und

- die Anzahl der zu kopierenden Zeichen übergeben.

Um Beispiele für die Funktion »Copy« zu formulieren, greifen wir wieder
auf unseren "Fallschirmjäger" zurück.

```
PROGRAM Teilstring_kopieren;
{ COPPY.PAS
  Mit Absicht falsch geschrieben, um nicht mit dem internen DOS-
  Befehl COPY zu kollidieren. }

VAR
  Wort: STRING[79];
  Silbe1,
  Silbe2,
  Silbe3 : STRING[20];

BEGIN
  Wort : = 'fallschirmjäger';
  WriteLn(Wort);

  Silbe1 : = Copy(Wort, 5, 6);          { Zeigt 'schirm' an }
  WriteLn(Silbe1);

  Silbe2 : = Copy(Wort, 1, 4);          { Gibt 'fall' aus }
  WriteLn(Silbe2);

  Silbe3 : = Copy(Wort, 11, 5);         { 'jäger' }
  WriteLn(Silbe3);
END.
```

Hinweis: »Copy« liefert keine Fehlermeldung, wenn Sie über das
Ende des Strings hinaus versuchen, Teile zu kopieren. In
diesem Fall werden die zurückgegebenen Strings verkürzt.
"Verkürzt" bedeutet dabei auch "leere" Zeichenketten.
(Strings mit der Länge "0".)

Die Funktion Pos

Mit der Funktion »Pos« können Sie eine übergebene Zeichenkette nach einem Teilstring absuchen. »Pos« liefert, wenn der Teilstring vollständig in der Zeichenkette enthalten ist, die Position innerhalb der Zeichenkette zurück, ab der der Teilstring beginnt. Wenn der Teilstring nicht in der übergebenen Zeichenkette vorhanden ist, liefert »Pos« das Ergebnis 0.

```
PROGRAM Teilstring_suchen;
{ POS.PAS }
VAR
   Wort  : STRING[79];
   KurzWort : STRING[20];
   Wo  : BYTE;

   PROCEDURE WortSuchen
   BEGIN
      Wo : = Pos(KurzWort, Wort);
      IF Wo < > 0
         THEN WriteLn(KurzWort, ' ist in ', Wort,
                      ' ab der Position ', Wo:3, ' enthalten.')
         ELSE   WriteLn(Kurzwort, ' ist in ', Wort, ' nicht enthalten.');
   END; {Wortsuchen}

BEGIN
   Wort       : = 'fallschirmjäger';
   Kurzwort   : = 'schirm';
   WortSuchen;

   KurzWort   : = 'SCHIRM';
   WortSuchen;
END.
```

Das Programm gibt die folgenden Meldungen aus:

> schirm ist in fallschirmjäger ab der Position   5 enthalten.
> SCHIRM ist in fallschirmjäger nicht enthalten.

Wie Sie im Beispiel sehen können, müssen die Schreibweisen innerhalb der beiden verwendeten Strings genau übereinstimmen. Dabei gilt, daß Großbuchstaben und Kleinbuchstaben als unterschiedliche Zeichen bewertet werden. ('a' ist *nicht* gleich 'A')

Die Prozeduren Insert und Delete

Mit den Prozeduren »Insert« und »Delete« können Sie Teilstrings aus Zeichenketten entfernen oder einfügen.

»Delete« löscht aus einer Zeichenkette ab einer angegebenen Position die angegebene Anzahl Zeichen. Mit der Anweisung »Delete(Wort, 2, 3);« entfernen Sie also aus der Zeichenkette »Wort« drei Zeichen beginnend mit dem zweiten Zeichen.

»Insert« fügt in eine Zeichenkette ab einer angegebenen Position den angegebenen String ein. »Insert(Wort1, Wort, 4);« weist Turbo Pascal an, den String »Wort1« in die Zeichenkette »Wort« ab dem vierten Zeichen einzufügen. Bemühen wir für ein Beispiel wieder unseren "Fallschirmjäger":

```
PROGRAM Teilstrings_einfuegen_loeschen;
{ DELETINS.PAS }

VAR
  Wort:   STRING[79];
  Wort1:  STRING[20];

BEGIN
  WriteLn;
  Wort : = 'fallschirmjäger';
  WriteLn(Wort);

  Delete(Wort, 1, 4);
  WriteLn(Wort);

  Delete(Wort, 4, 1);
  WriteLn(Wort);

  Delete(Wort, 5, 1);
  WriteLn(Wort);

  Wort1 : = 'zen';
  Insert(Wort1, Wort, 5);
  WriteLn(Wort);

  Wort1 : = 'ü';
  Insert(Wort1, Wort, 4);
  WriteLn(Wort);
END.
```

Das Programm gibt die folgenden Meldungen aus:

fallschirmjäger
schirmjäger
schrmjäger
schrjäger
schrzenjäger
schürzenjäger

Auch hier ist einschränkend festzustellen, daß Sie wissen müssen, welcher String an welcher Position eingefügt werden soll, d. h. sowohl die einzufügenden bzw. zu löschenden Zeichenketten als auch die Einfügepositionen müssen genau bekannt sein.

Eine Prozedur zur Zeichenumwandlung

Bei Verwendung der Funktion »UpCase« trat das Problem auf, daß die deutschen Umlaute nicht berücksichtigt wurden. Wir werden jetzt eine Prozedur erstellen, die eine Zeichenkette in Großbuchstaben umwandelt. Sehen Sie sich das auf der folgenden Seite abgedruckte Programm zunächst einmal an.

Wir beginnen im Hauptprogrammblock. Dort wird zunächst der Bildschirm gelöscht. Dadurch wird im Deklarationsteil zusätzlich die Anweisung »Uses Crt« notwendig. Anschließend wird die String-Variable »Wort« mit "fallschirmjäger" belegt. Es folgt der Aufruf einer Prozedur, die den Namen »Grossbuchst« trägt. Anschließend wird die String-Variable »Wort« auf dem Bildschirm ausgegeben.

```
program Klein_Grosschreibung;
{ UPCASE1.PAS }
USES Crt;
VAR   Wort : String;

PROCEDURE Grossbuchst(Var Wort: String);
VAR   i : BYTE;                    { Zähler }
{ Wandelt kompletten, beim Aufruf angegebenen String in
   Großbuchstaben um. Berücksichtigt auch die Umlaute. }
```

```
PROCEDURE Umwandeln (VAR Wort: String; i: BYTE)
{ Bearbeitet den String an der Stelle i }
BEGIN
    Wort[i] : = UpCase(Wort[i]);
    CASE Wort[i] OF
        'ä' : Wort[i] : = 'Ä';
        'ö' : Wort[i] : = 'Ö';
        'ü' : Wort[i] : = 'Ü';
    END; {case}
END; {Umwandeln}


BEGIN
    FOR i : = 1 TO Length(Wort) DO Umwandeln (Wort, i);
END; {Grossbuchst}


BEGIN
    ClrScr;
    Wort : = 'fallschirmjäger';
    Grossbuchst(Wort);          { Benutzt eigene Prozedur. }
    WriteLn(Wort);              { Gibt 'FALLSCHIRMJÄGER' aus. }
END.
```

Damit kommen wir zu der Prozedur »Grossbuchst«. Wir wissen schon, daß sie eine Zeichenkette entgegennimmt, die, wie uns ein Blick in die Parameterliste sagt, vom Datentyp »String« sein muß.

Wir werfen einen Blick in den Kommentar, der in der Prozedur eingefügt ist. Spätestens jetzt sind wir genauestens darüber informiert, was diese Prozedur leisten soll. Sie wandelt einen kompletten, beim Aufruf angegebenen String in Großbuchstaben um und berücksichtigt dabei auch die Umlaute.

Wenn Sie lediglich die Absicht haben, diese Prozedur zu verwenden, genügen Ihnen diese Informationen völlig. Die interne Arbeitsweise von »Grossbuchst« braucht Sie dann nicht weiter zu interessieren – Hauptsache, die Prozedur hält, was sie verspricht.

Wir werfen aber ein paar weitere Blicke auf »Grossbuchst«, da wir uns über deren Arbeitsweise informieren wollen. Im Deklarationsteil von »Grossbuchst« wird lediglich eine Variable festgelegt. Diese ist vom Datentyp »BYTE« und dient, wie uns der Kommentar mitteilt, als Zähler. »i«

ist also eine sogenannte Laufvariable. Warum ist »i« aber vom Typ »BYTE«? Klar doch: Zeichenketten sind in Turbo Pascal auf maximal 255 Zeichen beschränkt. Also ist »BYTE« als Datentyp für die Laufvariable völlig ausreichend.

Damit gelangen wir in den Prozedurkörper. Hier können wir uns darüber informieren, was mit dem übergebenen String passiert. Dabei können wir uns voll und ganz auf das konzentrieren, was innerhalb des Prozedurkörpers vor sich geht. Das Hauptprogramm braucht uns überhaupt nicht mehr zu interessieren.

Zunächst einmal finden wir eine »FOR ... TO ... DO«-Schleife vor, die für jedes Zeichen des Strings einmal durchlaufen wird. Die Länge der Zeichenkette und damit die Anzahl der Schleifendurchläufe wird mit der »Length«-Prozedur ermittelt.

Der Aufbau der Unterprozedur innerhalb der »FOR ... TO ... DO«-Schleife ist recht einfach. Zunächst einmal wird jedes Zeichen von der »UpCase«-Funktion behandelt und gegebenenfalls in den entsprechenden Großbuchstaben umgewandelt. Anschließend wird noch über eine »CASE«-Anweisung überprüft, ob es sich beim aktuellen Zeichen um einen der deutschen Umlaute handelt, die gegebenenfalls eine Sonderbehandlung erfordern. Ist das der Fall, wird das entsprechende Ersatzzeichen direkt eingesetzt.

Hinweis: Wie Sie wissen, führt Turbo Pascal eine recht strenge Typüberprüfung durch. Daher gilt, daß Stringtypen, die von unterschiedlicher Länge sind, nicht zueinander kompatibel sind. Daher können Sie an unsere vorhin entworfene Prozedur nur dann Variablen anderer Stringtypen, wie z.B. »STRING[20]« übergeben, wenn die strenge Typüberprüfung durch Turbo Pascal gelockert wird.

Dies erreichen Sie durch die "Compilerdirektive" {$V} (Varstring check). Mit Hilfe dieser Anweisung an den Compiler können Sie festlegen, ob der Compiler bei der Übergabe von Strings an Prozeduren und Funktionen eine strenge Längenprüfung vornimmt oder nicht. Wenn Sie vor den Aufruf von »Grossbuchst« die "Direktive" {$V–} in den Pro-

---

grammtext einfügen, können Strings auch dann als Variablen übergeben oder zugewiesen werden, wenn die entsprechende formale Deklaration unterschiedliche Stringlängen angibt.

```
{$V–}
Grossbuchst(Wort);
{$V + }
```

Die zweite Compilerdirektive schaltet die strenge Stringlängenüberprüfung wieder ein.

Aufgaben

1.) Vollziehen Sie das obige Programm mit dem Debugger nach! Benutzen Sie als zu beobachtende Variablen den String selbst und die verschiedenen Laufvariablen.

2.) Erweitern Sie die Prozedur "Grossbuchst" so, daß das "ß" in "SS" umgewandelt wird.

Übungen und Fragen

1.) Stellen Sie sich ein Textverarbeitungsprogramm vor. An welchen Stellen des Programms können die Prozeduren/Funktionen »Copy«, »Pos«, »Delete« und »Insert« sinnvoll eingesetzt werden?

2.) Erzeugen Sie mit den kennengelernten Stringmanipulationsanweisungen aus dem Wort 'Donaudampfschiffahrtskapitän' die folgenden Wörter, und lassen Sie diese auf dem Bildschirm ausgeben:
    –
    – 'Donau'
    – 'Schiffskapitän'
    – 'Affe'
    – 'Dampfhammer'

Speicherung von Strings

Vielleicht ist es für Sie interessant, ein wenig mehr über die interne Darstellung von Strings in Turbo Pascal zu wissen. Neben den eigentlichen Zeichen, die ein String umfaßt, wird eine Längenangabe gespeichert. Da jedes Zeichen ein Byte Speicherplatz benötigt und die Längenangabe ebenfalls ein einzelnes Byte belegt, belegt jeder »String« im Speicher ein Byte mehr, als über seine Deklaration festgelegt worden ist.

Das Speicherfeld, in dem die Längenangabe zum String abgelegt ist, läßt sich über

    Zeichenkette[0] : = Chr(7);

oder gleichbedeutend

    Zeichenkette[0] : = #7;

direkt ansprechen. Bei dieser Anweisung stellt die angegebene Zahl in Verbindung mit »#« bzw. »Chr« eine beliebige Zahl vom Typ Byte dar, die Werte zwischen 0 und 255 annehmen darf. Über »Chr« wandeln Sie die Zahl in einen Buchstaben um. Dies ist deshalb notwendig, weil auch das sogenannte Längenbyte, wie alle anderen Elemente des Strings, ein Zeichen sein muß:

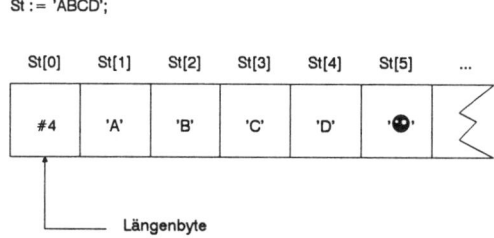

Nachdem Sie über den prinzipiellen Aufbau von Zeichenketten im Speicher informiert sind, können wir in einem Beispiel ein wenig mit unserem erworbenen Wissen experimentieren. Sie sollten allerdings möglichst vermeiden, in einem richtigen Programm auf diese Art am Innenleben des Speichers manipulieren, wenn Sie unliebsame Überraschungen vermeiden wollen. Solche Dinge sind für eine saubere Programmierung tabu.

Eine der Möglichkeiten, die Ihnen über einen direkten Zugriff auf das Längenbyte eines Strings zur Verfügung steht, ist die, einmal einen String zu deklarieren, zu belegen und diesen anschließend in den unterschiedlichsten Längen auf dem Bildschirm auszugeben. Dieser Sachverhalt wird vom folgenden Programm demonstriert.

```
PROGRAM Laengenbyte_Manipulation;
{ LANGMANI.PAS }

VAR
   Wort : STRING[60];
   Lang : BYTE;

BEGIN
   Wort := '_____';
   FOR Lang := 1 TO 12 DO BEGIN
      Wort[0] := Chr(Lang * 5);   { Belegt Längenbyte }
      WriteLn(Wort);              { Gibt Linien unterschiedlicher Länge aus. }
      WriteLn;                    { Mit Leerzeile sieht's schöner aus! }
   END;
END.
```

Wie Sie sehen können, wird für alle Ausgaben lediglich eine einzige Zeichenkette verwendet. Die unterschiedlichen Längen der Striche erzeugen Sie einfach durch die Umbelegung des Längenbytes in Wort[0].

Routinen für Tastatur und Bildschirm

Die nächste Prozedur, die wir erstellen werden, wird eine Alternative zur »Read/ReadLn«-Anweisung darstellen. Wie Sie sich erinnern können, haben wir bisher immer »ReadLn« verwendet, da »Read« zu einer Endlosschleife führt, wenn es nur durch einen Druck auf die «Enter»-Taste beantwortet wird. Anschließend an Eingaben mußten wir daher immer den Zeilenvorschub von »ReadLn« in Kauf nehmen, der bei Eingaben in der letzten Zeile den gesamten Bildschirminhalt nach oben schiebt.

Bevor wir uns jedoch mit der Erstellung einer Prozedur zum Einlesen eines Strings beschäftigen, werden wir kurz auf einige der Funktionen und Prozeduren eingehen, die Turbo Pascal uns für derartige Aufgabenstellungen zur Verfügung stellt.

Eines haben diese Routinen alle gemeinsam. Sie befinden sich in der Unit »CRT«, die in der Datei »TURBO.TPL« gespeichert ist. Diese Unit stellt Routinen zur Verfügung, die die direkte Kontrolle des Bildschirms, der Tastatur und des Tongenerators ermöglichen. Dazu gehören Vorder- und Hintergrundfarben des Bildschirms, Textattribute, Fenster (Windows) und die Abfrage der Tastatur.

Löschen von Bildschirmbereichen

Turbo Pascal stellt Routinen zur Verfügung, mit denen Sie Bildschirmbereiche löschen können. Die folgenden Prozeduren gehören zu diesem Einsatzbereich.

ClrScr
Diese Prozedur, die Sie schon kennengelernt haben, löscht den Bildschirm. Wenn Sie mit Fenstern arbeiten, bezieht sich »ClrScr« nur auf das aktive Textfenster. Nach dem Löschen des Bildschirms wird der Cursor in die linke obere Ecke des Bildschirms bzw. des Bildschirmfensters gesetzt.

ClrEol
Mit dieser Prozedur können Sie alle Zeichen rechts von der momentanen Position des Cursors bis zum Zeilenende löschen.

Cursorpositionierung

Turbo Pascal stellt ebenfalls Routinen zur Verfügung, mit deren Hilfe Sie gezielt Positionen auf dem Bildschirm anspringen können. Zudem verfügt der Compiler über Befehle, mit denen Sie die aktuelle Position des Cursors ermitteln können.

Achten Sie bei den im folgenden dargestellten Routinen insbesondere auf die Reihenfolge der zu übergebenden Parameter. Zunächst muß jeweils die Bildschirmspalte angegeben werden, dann die Bildschirmzeile. Dabei ist die linke obere Ecke (1,1) die rechte untere Ecke des Bildschirms (80,25). Vergleichen Sie dazu auch die folgende Abbildung, die die Aufteilung des Bildschirms in Zeilen und Spalten schematisch wiedergibt.

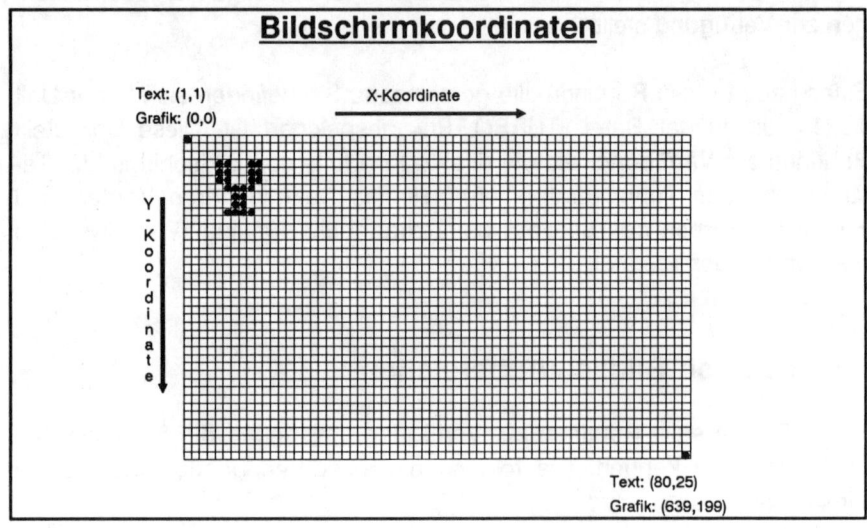

Bildschirmkoordinaten

Text: (1,1)
Grafik: (0,0)

X-Koordinate

Y-Koordinate

Text: (80,25)
Grafik: (639,199)

Hinweis: Die Reihenfolge "erst Spalte, dann Zeile" wird Ihnen möglicherweise zunächst ungewohnt vorkommen, jedoch entspricht Sie der mathematischen Schreibweise.

GotoXY

Mit der Prozedur »GotoXY« können Sie den Cursor an eine anzugebende Position des Bildschirms bzw. des aktuellen Fensters setzen. Dabei übergeben Sie an die Prozedur die Spalte und die Zeile, an die der Cursor gesetzt werden soll. Mit

---

Einsteigerseminar Turbo Pascal

```
GotoXY(12,10);
```

setzen Sie den Cursor z.B. in die zwölfte Spalte der zehnten Zeile des Bildschirms bzw. des über die »Window«-Prozedur festgelegten Fensters. Zulässige Werte für die Spalte liegen im Bereich von (1 .. 80), für die Zeile im Bereich (1..25).

WhereX
Mit der Funktion »WhereX« können Sie die Spaltenposition des Cursors (relativ zum gesetzten Textfenster) ermitteln, an der sich dieser gerade befindet. Die zurückgegebenen Werte liegen im Bereich (1 .. 80).

WhereY
Mit der Funktion »WhereY« können Sie ermitteln, in welcher Zeile sich der Cursor (relativ zu einem gesetzten Textfenster) aktuell befindet. Die zurückgegebenen Werte liegen in der Regel im Bereich (1 .. 25).

Hinweis: Die angegebenen Wertebereiche für die möglichen Spalten- und Zeilenpositionen der einzelnen Befehle beziehen sich auf den Standardbildschirmmodus, der der »CGA«-Karte entspricht. Die besonderen Möglichkeiten der EGA- (43 Bildschirmzeilen) und der VGA-Karte (50 Bildschirmzeilen) werden hier vernachlässigt.

Tastaturroutinen

Die folgenden Routinen der Unit »Crt« dienen dazu, die Tastatur zu lesen, bzw. zu überprüfen, ob eine Taste gedrückt worden ist.

ReadKey
Die Funktion »ReadKey« liest einzelne Zeichen von der Tastatur, ohne diese auf dem Bildschirm auszugeben. Für Funktions- und Sondertasten meldet die Tastatur zwei Zeichen zurück, so daß »ReadKey« zweimal aufgerufen werden muß. Der erste Aufruf von »ReadKey« liefert dann das Zeichen #0 zurück, der zweite Aufruf den sogenannten Scancode der Taste. Mit dem folgenden Beispiel »SPECIKEY.PAS« können Sie testen,

---

welche Tasten als Sondertasten behandelt werden, auf welche überhaupt nicht reagiert wird und welche als "normale" Tasten betrachtet werden.

```pascal
PROGRAM Special_Key;
{ SPECIKEY.PAS - Demonstriert die Verwendung von ReadKey }
USES Crt;
VAR CH : Char;

PROCEDURE GetKey(VAR CH: char);
BEGIN
  CH := ReadKey;           { Erstes Zeichen holen }
  IF CH = #0
    THEN BEGIN    { Wenn #0 dann Sondertaste }
            WriteLn('Spezialtaste');
            CH := ReadKey;        { Scancode holen }
          END
    ELSE WriteLn('Normale Taste: ', CH);
END;

BEGIN
  WriteLn('Ende mit «Return»!');
  REPEAT
    GetKey(CH)
  UNTIL CH = #13;            { #13 ist der ASCII-Code der Return-Taste }
END.
```

KeyPressed

Die Funktion »KeyPressed« prüft die Tastatur und liefert »TRUE« zurück, wenn eine Taste betätigt wurde, d. h. wenn der Tastaturpuffer Zeichen enthält. Ansonsten ist das Funktionsergebnis »FALSE«. Auch hierzu ein Beispielprogramm, das dem zu »ReadKey« stark ähnelt.

Hinweis: Wenn Sie im folgenden Programm vergessen, die im "Tastaturpuffer" vorhandenen Zeichen mit Aufrufen von »ReadKey« zu entfernen, erzeugen Sie eine Endlosschleife, die Sie nur noch über die Tastenkombination «Ctrl-Break» («Strg-Untbr») abbrechen können!

```pascal
PROGRAM Taste_Gedrueckt;
{ KEYPRESS.PAS - Demonstriert die Verwendung von KeyPressed }
USES Crt;
VAR CH : Char;
```

```
PROCEDURE TestKey(VAR CH : Char);

    PROCEDURE Erfolg;
    BEGIN
        WriteLn('Taste gedrückt!');
        CH := ReadKey;            { Zeichen müssen aus Puffer entfernt }
        IF CH = #0 THEN           { werden, sonst bleibt »KeyPressed« }
            CH := ReadKey;        { ewig auf »True« stehen. }
    END; {Erfolg}

    BEGIN {Testkey}
        CH := #255;               { Vorbelegung, um zu gewährleisten, daß
                                    CH ungleich #13 ist }
        IF KeyPressed   { Feststellen, ob Taste gedrückt }
            THEN Erfolg
    END; {Testkey}

    BEGIN {Hauptprogramm}
        WriteLn('Ende mit «Return»!');
        REPEAT
            TestKey(CH)
        UNTIL CH = #13;           { #13 ist der Code der Return-Taste }
    END.
```

Eine Alternative zu »Read/ReadLn«: »GetStr«

Nachdem Sie die meisten Prozeduren und Funktionen, die Ihnen die Unit »Crt« zur Verfügung stellt, kennengelernt haben, folgt die schon angesprochene Prozedur, die »Read« ersetzen wird. Diese Prozedur ist in dem folgenden Demonstrationsprogramm enthalten und trägt den Namen »GetStr« (für "Get String" – "Zeichenkette entgegennehmen").

```
PROGRAM Ersatz_fuer_Read; { GETSTR.PAS }

USES Crt;

VAR Inst : STRING;


PROCEDURE GetStr(VAR Instr:STRING);
{ Alternative zum Read-Befehl, der eine Endlosschleife produziert,
    wenn nur RETURN eingegeben wird. Der Trick ist, daß das erste Zeichen
```

Routinen für Tastatur und Bildschirm

```
des Strings vorbelegt wird. Dies bleibt so lange bestehen, bis eine
normale Taste vor dem Return betätigt wird. Die Prozedur läßt sich nicht
für die 25. Zeile verwenden. }

VAR  zeile,
     spalte : INTEGER;

BEGIN
  instr[1] : = #0;                { 1. Zeichen des Strings vorbelegen }
  Zeile  : = WhereY;              { Aktuelle Zeilenposition des Cursors ermitteln }
  IF Zeile > 24 THEN zeile : = 24;
  Spalte : = WhereX; { Aktuelle Spaltenposition ermitteln }
  REPEAT
     GotoXY(spalte, zeile);       { An gespeicherte Cursorposition springen }
     ReadLn(Instr);              { String einlesen }
  UNTIL instr[1] < > #0;          { bis 1. Element überschrieben worden ist }
END;

BEGIN
  ClrScr;
  GotoXY(1, 24);
  Write('String 1 eingeben! ');
  GetStr(Inst);
  GotoXY(1, 24);
  Write('String 2 eingeben! ');
  GetStr(Inst);
END.
```

Innerhalb von »GetStr« ist die Standardprozedur »ReadLn« von zentraler
Bedeutung. »ReadLn« erzeugt aber nach jeder Eingabe einen Zeilenvorschub, den wir nicht (ohne weiteres) verhindern können. Wir können aber
den Zeilenvorschub wieder rückgängig machen! Dazu speichert »GetStr«
über Aufrufe der Funktionen »WhereX« und »WhereY« die Position, die der
Cursor beim Aufruf von »GetStr« innehat, in den lokalen Variablen »Zeile«
und »Spalte«. Dann ist es weiter unproblematisch, nach jeder unzulässigen Eingabe wieder an die ursprüngliche Position auf dem Bildschirm zu-
rückzuspringen.

Der zweite verwendete Trick besteht darin, das erste Zeichen innerhalb
des Strings mit einem Wert vorzubelegen, der sich über die Tastatur nicht
eingeben läßt (#0). Dieser Wert bleibt so lange bestehen, bis eine
normale Taste vor dem «Return» betätigt wird. Bedingt dadurch, daß wir
»ReadLn« verwenden und anschließend den Zeilenvorschub rückgängig

---

machen, würde »GetStr« bei Verwendung in der 25. Bildschirmzeile zu einem Zeilenvorschub führen. Der Bildschirm würde also um eine Zeile nach oben gerollt werden. Daher verhindern wir die Benutzung von »GetStr« in der 25. Bildschirmzeile von vornherein, indem wir in einem solchen Fall einfach in die 24. Zeile zurückspringen (if Zeile > 24 then zeile := 24;). Damit unterbinden wir bei Verwendung von »GetStr« in jedem Fall ein Bildschirmrollen.

Hinweis: Wenn Sie »GetStr« mit unterschiedlichen Stringtypen verwenden wollen, muß die strenge Längenüberprüfung mit der Compilerdirektive {$V–} abgeschaltet werden. {$V+} aktiviert die strenge Längenprüfung wieder. Die strenge Längenüberprüfung läßt sich innerhalb eines Programms beliebig oft an- und abschalten.

Zusammenfassung

In diesem Abschnitt haben Sie mehr über die Prozeduren und Funktionen der Unit CRT erfahren. Die meisten Bibliotheken befinden sich innerhalb der Datei »TURBO.TPL« (TPL = Turbo Pascal Library - Turbo Pascal Bibliothek) in den sogenannten »Units«. Wir haben uns auf Routinen aus der Laufzeitbibliothek (dem Unit »System«) und der Unit »Crt« beschränkt. Durch Verwendung der »Uses-Anweisung« müssen Sie dem Compiler mitteilen, daß Sie Routinen aus anderen Units als »System« verwenden wollen. Die Unit »System« darf jedoch nicht in der »Uses-Klausel« aufgeführt werden. Sie wird ohnehin vom Compiler immer mitverwendet.

Ergänzt wurde das Kapitel durch Beispiele zur Zeichenumwandlung und zur Abfrage der Tastatur. Dazu wurden eine ganze Reihe von Routinen aus der Unit »Crt« verwendet, die uns die Lösung der zugrundeliegenden Problemstellungen wesentlich vereinfacht haben.

Grafik auf dem PC

Bisher haben wir immer im Textmodus des Bildschirms gearbeitet, in dem Sie lediglich Buchstaben und einige Grafikzeichen des IBM-Zeichensatzes darstellen können. Da der IBM-PC eigentlich nicht für Grafikanwendungen ausgelegt war (und deshalb in diesem Bereich auch vergleichsweise langsam ist), haben sich im Laufe der Zeit eine Vielzahl von Bildschirmstandards mit verschiedenen Auflösungen und Speichermodi entwickelt, die auch verschiedene Treiberprogramme benötigen. Diese befinden sich im Unterverzeichnis "TP/BGI" und tragen die Endung ".BGI".

Alle Grafikbefehle und zahlreiche Konstanten, die die Arbeit erleichtern, befinden sich in der Unit Graph, die Sie in der USES-Anweisung aufführen müssen. Im Grafikmodus können Sie jeden einzelnen Punkt (Pixel) auf dem Schirm ein- und ausschalten und gegebenenfalls seine Farbe bestimmen. Der Punkt (0, 0) befindet sich dabei in der linken oberen Ecke, wie Sie der Abbildung im Abschnitt über "GotoXY" entnehmen können.

Grafik ein- und ausschalten

Text- und Grafikmodus sind leider nicht miteinander vereinbar. Deshalb muß dem Compiler mitgeteilt werden, welcher Treiber installiert werden soll, evtl. in welchem Modus und wo die ".BGI"-Dateien zu finden sind. Ein typischer Aufruf sieht dann so aus:

```
USES Graph;

CONST    GraphTreiber: INTEGER = Detect;
    GraphModus: INTEGER = 0;
.

.
InitGraph (GraphTreiber, GraphModus, 'C:\TP\BGI')
```

Die Konstante "Detect" stammt aus der Unit Graph, hat den Wert 0 und veranlaßt Turbo Pascal, den Treiber zu wählen, der zu dem installierten Bildschirm paßt, so daß Sie bei einem eventuellen Systemwechsel nichts umzuschreiben brauchen.

Hinweis: Manche Bildschirmkarten verfügen über verschiedene Modi, die über GraphModus festgelegt werden können. Im Zweifel wählen Sie 0 oder informieren Sie sich im Hilfesystem.

Wenn Sie den Suchpfad für die BGI-Treiber in der Init-Graph-Anweisung nicht richtig angeben, erhalten Sie den Laufzeitfehler "Graphics not initialized"; kopieren Sie dann den Treiber in das im Programm angegebene Verzeichnis oder ändern Sie den Text. Die BGI-Datei wird nicht in kompilierte ".EXE"-Dateien eingebunden und muß daher auch dann vorhanden sein.

Mit der Anweisung "CloseGraph" kehren Sie zum Textmodus zurück. Dabei wird automatisch der Grafikbildschirm gelöscht. Eine Warteschleife vor der Anweisung gibt Ihnen Gelegenheit, Ihr Werk zu betrachten:

```
.

.
REPEAT UNTIL keypressed;
CloseGraph;
```

Hinweis: Falls Sie "CloseGraph" vergessen haben, hilft in vielen Fällen nur noch ein Neustart des Rechners. Auf jeden Fall sollten Sie aber vorher versuchen, im "Blindflug" mit dem Befehl "mode bw80" auf Betriebssystemebene zum Textmodus zurückzukehren.

Punkte und Linien

Die Unit Graph stellt eine Vielzahl von komplexen Grafikanweisungen bis hin zu dreidimensionalen Balken und Torten mit verschiedenen Füllmustern zur Verfügung, von denen wir hier nur einige grundlegende ansprechen können.

Die Prozedur "PutPixel" spricht einen einzelnen Bildschirmpunkt an, wobei Sie die Position und die gewünschte Farbe übergeben:

```
PutPixel (x, y, white)
```

färbt den Punkt mit den Bildschirmkoordinaten x und y weiß. Die Farben sind wieder ganzzahlige Konstanten (z. B. white = 15) und in der Unit festgelegt. Zum Löschen färben Sie den Punkt einfach in der Hintergrundfarbe, also meist schwarz (black = 0). Sie können selbstverständlich auch direkt Zahlen eingeben, wenn Sie die Farben in einer Schleife der Reihe nach durchgehen wollen. Eleganter ist natürlich die Verwendung der Konstanten:

```
FOR black TO white DO ...
```

Alle Grafikkoordinaten sind vom Typ INTEGER. Wenn Sie also Ergebnisse von Berechnungen mit REAL-Zahlen grafisch darstellen wollen, müssen Sie sie zunächst mit "round" oder "trunc" in ganze Zahlen umwandeln.

Wie bereits erwähnt, existieren eine Vielzahl von Grafikkarten nebeneinander, von denen der VGA-Standard mit 640 mal 480 Punkten und 16 Farben wohl inzwischen der verbreitetste sein dürfte. Leider bietet Turbo Pascal kein einheitliches Koordinatensystem für alle Monitore, so daß Sie jeweils wissen müssen, wieviele Punkte Sie maximal ansprechen können.

Hier helfen die Konstanten "GetMaxX" und "GetMaxY", die den jeweils höchsten zulässigen Wert enthalten. Das wären bei VGA 639 und 479, da die Zählung bei 0 beginnt. Sie sollten sich angewöhnen, alle Werte mit diesen Konstanten umzurechnen, um Überraschungen bei anderen Geräten zu vermeiden. Das folgende Programm gibt ein Beispiel und führt gleichzeitig die Prozedur "Line" ein:

```
program Jalousie;

{ Demonstriert Linienzeichnen,TP 6.0 }

USES Crt, Graph;

CONST  GraphTreiber:  INTEGER =    Detect;
       GraphModus:    INTEGER =    0;

VAR  Zeile,
     xLinks, yLinks,
     xRechts, yRechts: Integer;
```

```
PROCEDURE gerade;
BEGIN
    yLinks := Zeile;
    yRechts := Zeile;
    Line (xLinks, yLinks, xRechts, yRechts);
    Zeile := Zeile + 10;
END;

PROCEDURE gekippt;
BEGIN
    yLinks := Zeile;                    { Rechter Rand festgehalten }
    yRechts := Zeile DIV 10 + round(GetMaxY*0.45);
    Line (xLinks, yLinks, xRechts, yRechts);
    Zeile := Zeile + 10;
END;


BEGIN { Hauptprogramm }
    InitGraph (GraphTreiber, GraphModus, 'C:\TP\BGI');
    Zeile := 0;                         { Oberer Rand }
    xLinks := 0;                        { Linker und rechter Rand }
    xRechts := GetMaxX;
    WHILE Zeile < (GetMaxY DIV 2) DO
        gerade;
    WHILE Zeile < GetMaxY DO
        gekippt;
    REPEAT UNTIL keypressed;            { Tut nichts, bis eine Taste gedrückt wird }
    CloseGraph;
END.
```

Als Parameter übergeben Sie also zunächst die x- und y-Koordinaten des Startpunkts und dann des Endpunkts der Linie.

Neben den voreingestellten durchgezogenen Linien gibt Ihnen die Prozedur "SetLineStyle" die Gelegenheit, gepunktete (DottedLn), strichpunktierte (CenterLn), gestrichelte (DashedLn) und selbstdefinierte Linien in verschiedenen Dicken zu verwenden. Voreinstellung im letzten Fall ist "NormWidth" mit dem Wert 1.

Damit Sie bei zusammenhängenden Linienzügen nicht jedesmal den letzten Punkt neu eingeben müssen, gibt es die Prozedur "LineTo", die vom jeweils letzten Stand des Grafikcursors (der übrigens nicht sichtbar ist) aus zeichnet. Sie können den Startpunkt dann auch mit PutPixel setzen.

Textausgaben

Ausgaben mit WriteLn werden im Grafikmodus zwar nicht verhindert, verschmieren aber den ganzen Bildschirm. Achten Sie also darauf, daß Sie keine Texte mit WriteLn während der Grafikbearbeitung ausgeben.

Dafür gibt es die Prozeduren "outText" und "outTextXY", bei denen Sie über die Anweisung "SetTextStyle" zwischen verschiedenen Schriften, Schriftgrößen und zwei Ausgaberichtungen wählen können.

Informieren Sie sich im Hilfesystem unter "Units/Graph/Konstanten/Textarten" über die möglichen Schriftarten und experimentieren Sie mit verschiedenen Schriftarten. Die Schriftarten (Fonts) sind in speziellen Dateien mit der Endung ".CHR" gespeichert und müssen beim Programmablauf verfügbar sein.

Zusammenfassung:
IBM-kompatible Rechner unterscheiden zwischen Grafik- und Textbildschirmen, für die Turbo Pascal die Units Crt und Graph bereithält. Grafikoperationen laufen in der Regel langsamer als Textoperation, obwohl ausschließlich INTEGER-Variablen benutzt werden.

Der Umfang des Grafikpakets erlaubt keine ausführlichere Darstellung in diesem Buch, stellt aber ein interessantes Feld für Experimente dar.

Hinweis: Im Textmodus können Sie Programme mit «Strg-C» oder «Strg-Untbr» abbrechen, nicht dagegen im Grafikmodus. Fügen Sie deshalb in Schleifen immer eine Abbruchbedingung mit "KeyPressed" ein, um im Notfall den Rechner nicht neu starten zu müssen.

Aufgaben: Erklären Sie den Einsatz des Operators DIV und der Funktion "round" im Beispielprogramm.

Schreiben Sie ein Programm, das den Umriß eines Hauses zeichnet. Entwerfen Sie Prozeduren für Fenster und Türen, die sie an verschiedenen Stellen zeichnen lassen können.

Von der Routine zur Unit

Die von Turbo Pascal fertig zur Verfügung gestellten Prozeduren und Funktionen können Sie auch ohne weiteres von mehreren Programmen aus nutzen. Es wäre also eine äußerst nützliche Sache, eigene Routinen in Bibliotheken zu sammeln, um sie, ähnlich wie die fertig zur Verfügung gestellten Routinen, mehreren oder gar allen unseren Programmen verfügbar zu machen.

Damit kommen wir wieder auf die »Units«. Bisher haben wir lediglich die vorgefertigten Units genutzt, die uns Turbo Pascal zur Verfügung stellt. Wir können aber auch eigene Units erstellen und diese in gleicher Weise wie die Standardbibliotheken über die Anweisung »Uses Dateiname;« in unsere Programme mit einbeziehen.

In diesem Kapitel werden Sie dieses Verfahren zur Verwendung von Bibliotheken kennenlernen. Dazu bedienen wir uns eines Beispiels, das sicherlich interessant ist und in vielen Ihrer Programme eingesetzt werden kann.

Wie Ihnen vielleicht schon aufgefallen ist, wurden im Verlauf des Buches häufiger mehrere unterschiedliche Lösungen zu einem Problem angeboten. Dieses Vorgehen soll demonstrieren, daß es im Bereich der Programmierung nie eine einzige "richtige" Lösung gibt. Vielmehr können Sie jedes Problem auf häufig recht unterschiedlichen Wegen lösen. Selbst im direkten Vergleich der verschiedenen Programmversionen untereinander läßt sich oft nicht feststellen, welche Version die "bessere" ist. Dies ist in vielen Situationen vielmehr von den Rahmenbedingungen abhängig. Beispielsweise nützen uns die tollsten und vollständigsten Lösungen nichts, wenn dabei Programme entstehen, die mehr als 640 KByte groß werden, aber unter dem Betriebssystem MS-DOS auf herkömmlichen PCs laufen sollen!

Problemstellung: Einlesen einer Integer-Zahl

Vielleicht ist Ihnen schon aufgefallen, daß Sie, wenn Sie mit der »ReadLn«-Anweisung eine Zahl einlesen wollen, einen Programmabbruch verursachen, wenn Sie anstelle einer Zahl einen Buchstaben eintippen. Eine Prozedur, mit der Sie dieses Problem in den Griff bekommen können, ist die

Prozedur »Val«, die eine Zeichenkette in eine Zahl umwandelt, sofern die Zeichenkette keine für Zahlen vom bestimmten Datentyp unzulässigen Zeichen enthält.

Neben dem Abfangen von formal unzulässigen Eingaben besteht im Zusammenhang mit Ganzzahlen jedoch noch ein anderes Problem. Bei der Deklaration einer Integer-Variablen legen Sie gleichzeitig deren Wertebereich fest. Wird dieser Wertebereich überschritten, erzeugt das zugrundeliegende Programm teilweise recht merkwürdige Ergebnisse, die wir auch abfangen wollen. Testen Sie, um einen Eindruck von dieser Problematik zu bekommen, einfach einmal das folgende Miniprogramm mit formal zulässigen Zahlen vom Datentyp »Integer«, die außerhalb des zulässigen Wertebereichs für diesen Datentyp liegen.

```
PROGRAM INTEGER_Test; { INTTEST.PAS }
VAR Ganz : INTEGER;
BEGIN
  REPEAT
      Write('Integerzahl? (Ende mit 0) ');
      ReadLn(Ganz);
      WriteLn(Ganz:7);
  UNTIL Ganz = 0;
END.
```

In der folgenden Abbildung finden Sie ein paar Beispieleingaben, bei denen auch versucht wird, unzulässige Werte einzugeben:

```
Integerzahl? (Ende mit 0) 12
    12
Integerzahl? (Ende mit 0) 12000
 12000
Integerzahl? (Ende mit 0) 32767
 32767
Integerzahl? (Ende mit 0) 32768
-32768
Integerzahl? (Ende mit 0) -32768
-32768
Integerzahl? (Ende mit 0) -32769
 32767
Integerzahl? (Ende mit 0) 0
```

Das, was das Programm ausgibt, hat mit den ursprünglichen Eingaben teilweise recht wenig zu tun, wir erhalten aber auch keine Fehlermeldung!

Interne Darstellung von Integer-Zahlen

Um das oben dargestellte Problem zu verdeutlichen, sehen wir uns einfach einmal an, wie der Rechner die eingegebenen Zahlen intern darstellt. Zunächst einmal müssen Sie dazu wissen, daß Ganzzahlen nach einem besonderen Verfahren direkt in ihre Entsprechungen im dualen Zahlensystem überführt werden. Dazu finden Sie in der folgenden Tabelle einige Beispiele:

dezimal	binär			
1	0 0 0 0	0 0 0 0	0 0 0 0	0 0 0 1
2	0 0 0 0	0 0 0 0	0 0 0 0	0 0 1 0
8	0 0 0 0	0 0 0 0	0 0 0 0	1 0 0 0
255	0 0 0 0	0 0 0 0	1 1 1 1	1 1 1 1
32767	0 1 1 1	1 1 1 1	1 1 1 1	1 1 1 1
-32768	1 0 0 0	0 0 0 0	0 0 0 0	0 0 0 0
-32767	1 0 0 0	0 0 0 0	0 0 0 0	0 0 0 1
-1	1 1 1 1	1 1 1 1	1 1 1 1	1 1 1 1

Das in der Tabelle dargestellte Verfahren zur Übersetzung der eingegebenen Dezimalzahlen in Dualzahlen wird vom Rechner für alle vorzeichenbehafteten Ganzzahlen ("Signed Integers") durchgeführt. Wie Sie der Tabelle entnehmen können, wird das äußerste linke der insgesamt sechzehn Bits (zwei Bytes), die für die Darstellung des Datentyps »Integer« verwendet werden, als Vorzeichen verwendet. Geben wir die Zahl 32768 ein, wird das letzte Bit (ganz links) zur Eins. Die Zahl wird vom Rechner als negativ interpretiert und dezimal als –32768 ausgegeben.

Reichen die vom Compiler reservierten Stellen für die Darstellung der eingegebenen Zahl nicht aus, werden zudem die äußersten linken (die höchstwertigen Stellen) einfach abgeschnitten.

Hinweis: Die Bits werden wie die Stellen einer Dezimalzahl üblicherweise von rechts nach links und von 0 bis 15 gezählt. Daher ist das "äußerste linke" Bit nicht das erste, sondern das 15.

Die folgende Abbildung stellt diesen Sachverhalt grafisch an einem Zahlenring dar. Für die bessere Übersicht wurde dabei ein nichtexistierender vorzeichenbehafteter Datentyp gewählt, der lediglich ein Halbbyte (4 Bit) umfaßt. Gleichzeitig finden Sie unten in der Abbildung ein Beispiel für die Bestimmung der Wertigkeit einer als negativ interpretierten Binärzahl.

Soviel zu den zugrundeliegenden Problemen, denen wir uns in den folgenden Beispielprogrammen widmen werden. Wir wollen also sowohl

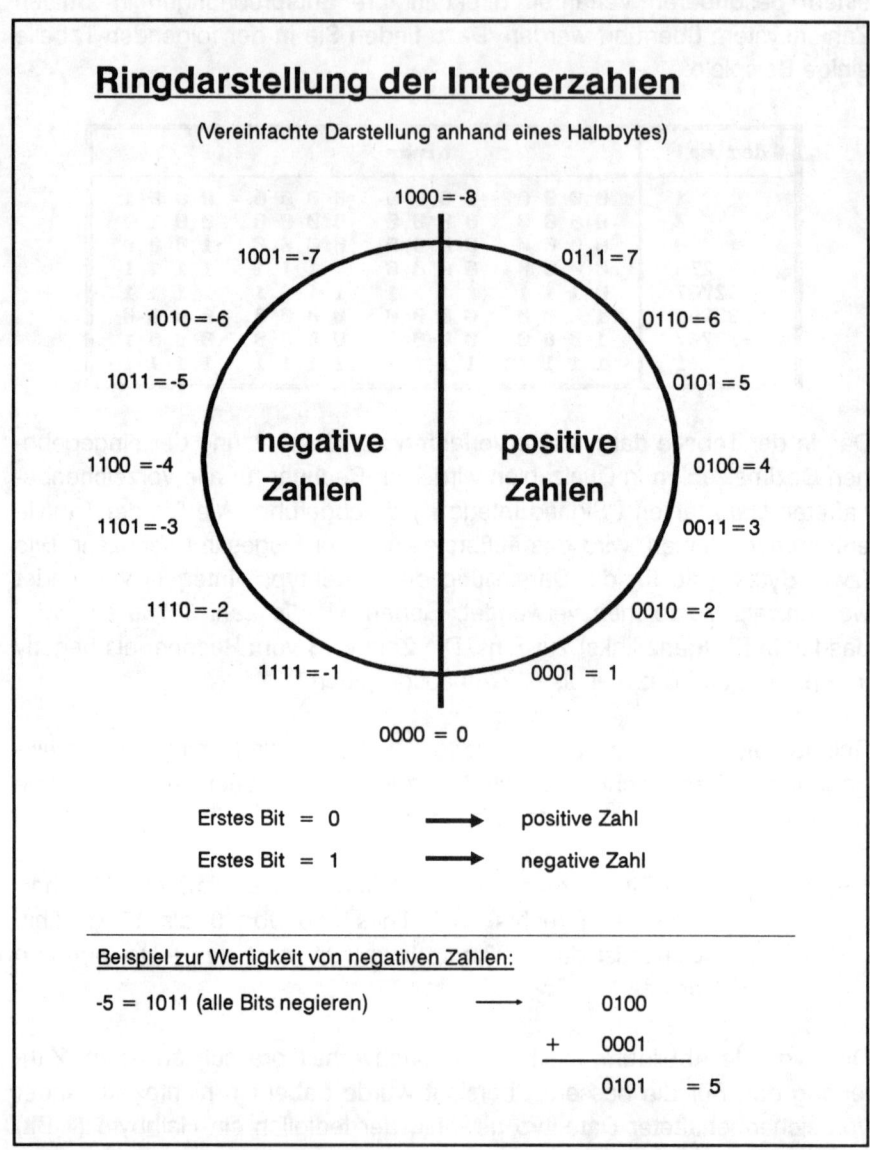

Ringdarstellung der Integerzahlen

(Vereinfachte Darstellung anhand eines Halbbytes)

```
                    1000 = -8
      1001 = -7                  0111 = 7
   1010 = -6                        0110 = 6
  1011 = -5                          0101 = 5
             negative   positive
  1100 = -4                          0100 = 4
              Zahlen     Zahlen
  1101 = -3                          0011 = 3
   1110 = -2                        0010 = 2
      1111 = -1                  0001 = 1
                    0000 = 0
```

Erstes Bit = 0 ⟶ positive Zahl

Erstes Bit = 1 ⟶ negative Zahl

Beispiel zur Wertigkeit von negativen Zahlen:

-5 = 1011 (alle Bits negieren) ⟶ 0100
+ 0001
0101 = 5

- formal unzulässige Eingaben (die Buchstaben oder Sonderzeichen enthalten) als auch

- wertebereichsüberschreitende Eingaben

abfangen.

Vorgehen

Neben dieser Aufgabe widmet sich der Abschnitt noch einmal den verschiedenen Möglichkeiten der Programmerstellung mit Turbo Pascal. Folgende Codierungsmöglichkeiten werden wir der Reihe nach in Anspruch nehmen:

a) Wir können das Programm direkt, d.h. ohne Funktionen und/oder Prozeduren zu verwenden, codieren ("Spaghetticode" à la BASIC).

b) Wir werden innerhalb des Programms Teilprobleme in Funktionen/Prozeduren auslagern (strukturiertes Programmieren).

c) Wir werden zu verwendende Routinen in eigenständige UNITs (Module, Bibliotheken) auslagern (modulare Programmstruktur).

"Direkte" Codierung

Wir beginnen mit der "direkten" Codierung. Das hier dargestellte Programm stellt im Prinzip lediglich einen Testrahmen dar. Es enthält dementsprechend auch nur:

- eine Meldung an den Anwender, die diesem mitteilt, was von ihm erwartet wird, und

- eine Schleife, die so lange durchlaufen wird, bis eine zulässige Eingabe erfolgt ist, in der gegebenenfalls wiederholt Eingaben vom Benutzer erwartet werden. (Solange bis? Richtig: Das ist wieder ein Fall für die »REPEAT .. UNTIL«-Schleife.)

Zentrale Bedeutung innerhalb dieser Schleife hat die Standardprozedur »Val«, die folgendermaßen deklariert ist:

```
PROCEDURE Val(Eingabe: STRING; Zahl; VAR Fehlerstelle: INTEGER);
```

Von der Routine zur Unit

»Val« versucht, die Zeichen der eingegebenen Zeichenkette »Eingabe« als numerischen Wert zu interpretieren. Das Ergebnis wird, sofern in »Eingabe« keine unzulässigen Zeichen enthalten sind, in der als »Zahl« übergebenen Variablen, die einen Integer- oder Realtyp haben kann, gespeichert. Dabei legen Sie über den Datentyp von »Zahl« fest, ob eine reelle Zahl oder eine Ganzzahl eingelesen werden soll. Die Variable »Fehlerstelle« (eine Integer-Variable) enthält nach fehlerfreier Ausführung von »Val« den Wert 0, ansonsten die Position des Zeichens in "Eingabe", das den Fehler ausgelöst hat.

Zurück zu unserem kleinen Programm, das die oben dargestellte Aufgabe erledigen soll. Vorläufig vernachlässigen wir dabei noch die Probleme, die durch Überschreitungen des zulässigen Wertebereichs entstehen können.

```pascal
PROGRAM Gepruefte_Eingabe_einer_Integerzahl; { INPINTEG.PAS }
USES Crt;                          { Wegen GotoXY, ClrScr, ClrEol }
VAR
    eingabe  : STRING;
    Ganzzahl,
    Fehlerstelle : INTEGER;

BEGIN
    ClrScr;
    GotoXY(1, 5);
    WriteLn('Geben Sie bitte eine ganze Zahl ein!');
    REPEAT
        GotoXY(2, 7);
        ClrEol;                        { Löscht den Rest der Zeile }
        ReadLn(eingabe);
        Val(eingabe, Ganzzahl, Fehlerstelle);
        WriteLn;
        IF Fehlerstelle > 0 THEN        { Fehlermeldung ausgeben }
            WriteLn('Falsche Eingabe an ',
                    Fehlerstelle, '. Position  ')
    UNTIL Fehlerstelle = 0;            {   Bis VAL fehlerfrei ausgeführt worden ist. }
    WriteLn;
    WriteLn(Ganzzahl);                 { Ausgabe zur Kontrolle }
END.
```

Geben Sie dieses kleine Beispiel bitte ein, und testen Sie es sorgfältig mit allen erdenklichen Eingaben durch. Wie Sie sehen werden, ist dieses Programm nicht mehr zum Absturz zu bringen. Damit haben wir den ersten Teil der Aufgabenstellung schon gelöst.

Hinweis: Die Prozedur VAL liefert auch dann eine Angabe über die Fehlerstelle, wenn die Eingabe bei einer Ganzzahl mehr als 10 Stellen umfaßt. Die Ausgabe in einer ganzzahligen Variablen ist nur innerhalb des zulässigen Wertebereichs korrekt. (Bei INTEGER zwischen −32768 und 32767.)

Die Verwendung einer Funktion

Bei einem so kleinen Problem kann man auch als Pascalprogrammierer so vorgehen, doch wäre es durchaus im Sinne der Übersichtlichkeit (und einer eventuellen Wiederverwendbarkeit), wenn wir den wesentlichen Teil der Routine als Funktion formulieren. Zusätzlich überlegen wir uns, welche Eigenschaften wir der Funktion noch verleihen können. Zunächst einmal soll sie selbständig erkennen können, an welcher Stelle des Bildschirms die Eingabe erfolgen soll, und bei falschen Eingaben auch immer wieder an diese Stelle zurückspringen. Daher verwenden wir wiederum wie bei »GetStr« die Standardfunktionen »WhereX« und »WhereY«, um die Cursorposition zwischenzuspeichern. Wie Sie wissen, liefert »WhereX« die Spaltenposition und »WhereY« die Zeilenposition des Cursors zurück.

```
PROGRAM Gepruefte_INTEGER_Eingabe_mit_Funktion; { INPINTE2.PAS }
USES
  Crt;

FUNCTION Ganzzahl : INTEGER;
{ Liest eine Integer-Variable vom Bildschirm. Dabei werden unzulässige
  Eingaben zurückgewiesen. }
VAR
  Ganze_Zahl,
  Fehlerstelle    : INTEGER;
  eingabe         : STRING;
  X_Position,
  Y_Position      : BYTE;
BEGIN
  X_Position : = WhereX;
  Y_Position : = WhereY; {  Um eine allgemeine Verwendbarkeit zu ermöglichen,
                            wird zu Beginn des Programms die Cursorposition
                            gespeichert. Dadurch ist es möglich, immer an die
                            ursprüngliche Cursorposition zurüchzuspringen. }
```

```
REPEAT
    GotoXY(X_Position, Y_Position);
    ClrEol;
    ReadLn(eingabe);
    Val(eingabe, Ganze_Zahl, Fehlerstelle);
    WriteLn;
    IF Fehlerstelle > 0
        THEN WriteLn('Unzulässige Eingabe!! ')
        ELSE WriteLn
UNTIL Fehlerstelle = 0;
Ganzzahl := Ganze_Zahl;
END;

BEGIN
    ClrScr;
    GotoXY(1, 5);
    WriteLn('Geben Sie bitte eine ganze Zahl ein!');
    GotoXY(2, 7);
    WriteLn(Ganzzahl);
END.
```

Innerhalb der »REPEAT ... UNTIL«-Schleife hat sich im Vergleich zum vorherigen Programm kaum etwas geändert. Lediglich die Fehlermeldung ist allgemeiner gehalten worden, und die "GotoXY"-Anweisung benutzt die eingangs vorbelegten Variablen »X_Position« und »Y_Position«, um an die Position zurückspringen zu können, an der sich der Cursor beim Aufruf der Funktion befunden hat.

Beachten Sie übrigens auch den Aufruf von »Ganzzahl« innerhalb der »WriteLn«-Anweisung wie eine normale Variable.

Die erstellte Funktion verrichtet damit ihre Arbeit ordentlich, wie Sie hoffentlich durch ausgiebige Tests ebenfalls festgestellt haben. Jetzt können wir »Ganzzahl« bereits in eine Bibliothek aufnehmen.

Units

»Units« stellen eigenständige Übersetzungseinheiten dar, d.h. sie entsprechen von ihrem Aufbau und ihrer Handhabung her vollständigen Programmen. Wenn Sie Funktionen/Prozeduren in eine UNIT bzw. ein Modul auslagern, können Sie diese unabhängig vom Hauptprogramm compilieren. Dadurch werden die Compilationszeiten zumindest bei größeren Programmen drastisch verringert. Die jeweils erneute und unnötige Compilierung der entsprechenden Quellcode-Sequenzen entfallen also. Units lassen sich zusammenfassend folgendermaßen definieren:

Eine »Unit« ist eine *Übersetzungseinheit*, dessen Quelltext *für sich compiliert* wird und eine Sammlung von Konstanten, Datentypen, Variablen, Prozeduren und Funktionen enthält, auf die vom aufrufenden Programm zugegriffen werden kann, die aber teilweise auch im Inneren verborgen sind.

Wahrscheinlich ist Ihnen auch schon aufgefallen, daß im bisherigen Verlauf des Buches häufiger die Begriffe »Modul« und »Bibliothek« gefallen sind. Im ursprünglichen Sprachkonzept von Pascal waren selbständige Übersetzungseinheiten nicht vorgesehen. Das Unit-Konzept wurde von Modula 2, einer ebenfalls von Niklaus Wirth "erfundenen" höheren Programmiersprache, übernommen. Lediglich in der Namensgebung für die eigenständigen Übersetzungseinheiten wurde eine andere Bezeichnung gewählt. »Unit« und »Modul« sind dementsprechend lediglich zwei verschiedene Bezeichnungen für die gleichen Elemente in zwei verschiedenen Programmiersprachen.

Der Aufbau einer Unit

Damit kommen wir zum Aufbau. Bisher haben wir ja lediglich die vorgefertigten Units benutzt. Für den internen Aufbau dieser Bibliotheken haben wir uns nicht interessiert, zumal uns der Quelltext auch nicht vorliegt, die Unit stellt für den Anwender eine *black box* dar.

Eine Unit besteht, wie Sie der folgenden Abbildung entnehmen können, aus den Hauptteilen *Unitkopf, Interface-, Implementations-* und *Initialisierungsteil*.

Der Unitkopf

Der Unitkopf unterscheidet sich nur unwesentlich vom Kopf eines Programms. Einer Unit wird lediglich anstelle von »PROGRAM« das Wort »UNIT« vorangestellt. Auch hier können Sie Compiler-Direktiven folgen lassen, die global für die gesamte Unit Gültigkeit besitzen sollen.

Der Aufbau eines Turbo Pascal-Units

Unitkopf

Unitname
Globale Compilerdirektiven

Interface

Uses-Klausel
Öffentliche globale Konstanten, Typen und Variablen
Köpfe der öffentlichen Prozeduren und Funktionen

Implementation

Uses-Klausel (Verdeckte Benutzung anderer Units ab TP 5.0)
Globale verdeckte Label, Konstanten, Typen und Variablen
Öffentliche und private Prozeduren und Funktionen (komplett)

Initialisierungsteil

Wesentlicher sind die Einschränkungen bezüglich der Wahl des Namens für eine Unit. Während Sie bei einem Programm den Namen frei wählen können und lediglich darauf zu achten brauchen, daß innerhalb des Programms keine Variable gleichen Namens existieren darf, *muß* der hinter »Unit« eingetragene Name mit dem *Namen der Datei,* in der es abgespeichert wird, übereinstimmen. Damit stehen Ihnen nur acht Zeichen für die Wahl des Unit-Namens zur Verfügung.

Der Interface-Teil

Neu im Vergleich zum Programm ist der folgende *Interface-Teil* (Interface = Schnittstelle). Hier werden alle Konstanten, Datentypen und Variablen, Prozeduren und Funktionen aufgeführt, die eine Unit anderen Programmen zur Verfügung stellt. Diese Schnittstelle ist gleichzeitig der Teil, der alle für die Verwendung von Prozeduren/Funktionen der jeweiligen Unit notwendigen Informationen beinhaltet. Weitere Informationen über eine Unit sind für die bloße Anwendung nicht notwendig.

Hinweis: Mit Turbo Pascal werden die Units System, Crt, Printer, Dos, Graph, Overlay, Graph3 und Turbo3 ausgeliefert.

Im Interface-Teil einer Unit haben Sie ohne weiteres die Möglichkeit, ebenfalls wieder die Dienste von schon fertig compilierten Units in Anspruch zu nehmen, wenn Sie deren Verwendung mit der Uses-Anweisung anmelden.

Auf eine gegebenenfalls vorhandene Uses-Anweisung folgen dann die von außen zugänglichen und für die im Interface-Teil aufgeführten Prozeduren und Funktionen notwendigen Typ-, Konstanten- und Variablendeklarationen.

Zu den für andere Programme zur Verfügung gestellten *öffentlichen* Prozeduren und Funktionen werden lediglich die Köpfe mit der Parameterliste im Interface-Teil aufgeführt. Zu allen Prozedur- und Funktionsköpfen im Interface-Teil muß ein Duplikat im Implementations-Teil vorhanden sein. Dort befinden sich auch die Körper der Routinen mit den eigentlichen Anweisungen und Befehlen.

Sie brauchen aber im Interface-Teil keineswegs alle Prozeduren/Funktionen, die im Implementations-Teil enthaltenen sind, aufzuführen. Praktisch ist es sogar möglich, den Interface-Teil völlig leerzulassen, wie dies in der folgenden Unit »Leer.pas« der Fall ist. Diese Unit ist aber keineswegs sinnlos, sondern in der vorliegenden Form schon voll funktionstüchtig.

```
UNIT Leer;    { LEER.PAS - TP ab 5.0 }

INTERFACE

{ Hier befindet sich rein gar nichts ! }
```

Von der Routine zur Unit

```
IMPLEMENTATION

USES Crt;

BEGIN
  ClrScr;
END.
```

Bei der Erstellung des Interface-Teils einer Units sollten Sie möglichst *nicht* die Köpfe der Prozeduren und Funktionen eintippen, sondern von der Kopierfunktion Gebrauch machen. Dadurch ersparen Sie sich eine Menge Tipparbeit und vermeiden Fehler. Zudem läßt sich die Suchfunktion des Editors einsetzen, wenn Sie Prozeduren und Funktionen innerhalb eines Programms ausfindig machen wollen, die in eine Unit übertragen werden sollen.

Der Implementations-Teil

Der Implementations-Teil ist der Teil, in dem die Funktionen und Prozeduren definiert werden. Ebenso wie innerhalb eines Programms können Sie auch hier zusätzlich weitere (für die Unit) global gültige Datentypen, Konstanten und Variablen zwischen die Definition der Prozeduren und Funktionen einfügen. Die hier deklarierten Datentypen und -strukturen sind jedoch nicht nach außen sichtbar und stehen dementsprechend nur den Routinen innerhalb des Implementations-Teils zur Verfügung.

Ebenso wie der Interface-Teil kann auch der Implementations-Teil leer sein. Von dieser Möglichkeit wird übrigens oft Gebrauch gemacht, wenn man lediglich einen Satz von Variablen, Konstanten, und Datentypen festlegen will. Dieser wird dann von allen in einem Projekt zusammenwirkenden anderen Units und dem Hauptprogramm über die Uses-Anweisung verwendet.

Der Initialisierungsteil

Der Initialisierungsteil einer Unit entspricht dem Hauptprogramm. Die Anweisungen, die hier aufgeführt sind, werden als erste, d.h. noch *vor* dem eigentlichen Hauptprogramm, ausgeführt.

Damit kommen wir auch wieder auf unsere Unit »Leer« zurück. Diese enthält im Initialisierungsteil, der von »BEGIN ... END.« eingeklammert wird, die Anweisung »ClrScr«. Wenn Sie das folgende Programm »TUT-WENIG.PAS« eingeben und es laufen lassen, wird zunächst der Initialisierungsteil von »LEER« ausgeführt, d.h. der Bildschirm wird gelöscht. Anschließend wird erst das Hauptprogramm ausgeführt und "Hallo!!" auf dem Bildschirm ausgegeben.

```
PROGRAM TutWenig;
{ TUTWENIG.PAS
  Demonstriert, daß Anweisungen des Initialisierungsteils einer
  einbezogenen Units VOR dem eigentlichen Hauptprogramm
  abgearbeitet werden. }

USES
  Leer;

BEGIN
  WriteLn('Hallo!!');
END.
```

Wieder bei »Ganzzahl«

Nach diesen Erläuterungen zum Aufbau von Units kommen wir wieder zurück zu unserer Beispielfunktion »Ganzzahl«, die wir jetzt in eine Unit integrieren wollen. Zusätzlich erweitern wir »Ganzzahl« ein wenig. Wir hatten ja schon festgestellt, daß Überschreitungen des zulässigen Eingabebereichs zu Fehlern geführt haben.

Um diese Fehlerquelle ausschalten zu können, müssen wir die Funktion in einigen Punkten umschreiben. Zunächst einmal können wir Bereichsüberschreitungen nicht über das Einlesen einer ganzen Zahl abfangen. Daher wird in der folgenden Version der Funktion zunächst ein String eingegeben, der dann in eine reelle Zahl umgewandelt wird. Diese reelle Zahl wird daraufhin überprüft, ob sie innerhalb des zulässigen Wertebereichs liegt und nur dann, wenn dies der Fall ist, in eine ganze Zahl vom Datentyp INTEGER umgewandelt und als zulässige Eingabe akzeptiert.

Mit Hilfe der Standardprozedur »Frac« kann festgestellt werden, ob eine reelle Zahl einen Nachkommaanteil aufweist. Ist dies der Fall, wird die Eingabe ebenfalls zurückgewiesen. (Eingaben, wie z.B. »3.00« oder

»2.000« werden daher auch als ganzzahlig akzeptiert.) Vor dem Verlassen der Funktion wird die reelle Zahl über die Standardfunktion »Round« in eine ganze Zahl umgewandelt.

Zusätzlich gibt die neue Version von »Ganzzahl« Fehlermeldungen nicht mehr direkt, sondern über die ebenfalls in der Unit deklarierte Prozedur »Error« aus. Die Stelle, an der die Fehlermeldung auf dem Bildschirm erscheint, wird über die in der Unit deklarierten globalen Konstanten »Fehler_X« und »Fehler_Y« festgelegt. Ebenso wird das Löschen der Fehlermeldung vom Bildschirm jetzt von der Prozedur »ClrError« erledigt, die die gleichen globalen Konstanten wie »Error« benutzt.

Die Unit UEINGABE und ihre Anwendung

Neben den hier besprochenen Prozeduren und Funktionen enthält die abgedruckte Beispielunit »UEINGABE« einige weitere Routinen, auf die wir hier nicht weiter eingehen wollen. Kurzbeschreibungen zu den jeweiligen Routinen finden Sie im Interface-Teil bzw. in den Kommentartexten der einzelnen Routinen. Auch werden Sie die eine oder andere Routine wiederfinden, die Ihnen schon vertraut ist. Wenn Sie bei der Durchsicht der Unit auf Bezeichner treffen, die Ihnen unbekannt sind, können Sie sich mit deren Funktion unter Nutzung der integrierten Hilfestellung vertraut machen.

```
UNIT Ueingabe;
{ UEINGABE.PAS - TP 5.5 }
{$V-}
INTERFACE

TYPE Fehlermeldung = STRING[60];

PROCEDURE ClrError;
{ Löscht angezeigte Fehlermeldung vom Bildschirm. }

PROCEDURE Error(Meldung : Fehlermeldung);
{ Gibt Fehlermeldung auf dem Bildschirm aus. }

FUNCTION Ganzzahl: INTEGER;
{ Einlesen einer Integer-Zahl. Liest eine reelle Zahl und wandelt diese,
    wenn sie innerhalb der für Integer-Zahlen zulässigen Grenzen liegt, in
    eine ganze Zahl um. Unzulässige Eingaben werden zurückgewiesen. }
```

```pascal
PROCEDURE GetStr(VAR Instr: STRING);
{ Alternative zum ReadLn-Befehl, liest einen String ein. }


IMPLEMENTATION

USES Crt;

CONST
   Piep = ^G;        {  Steuerzeichen, WRITE (^G) erzeugt einen Piepton }
   Fehler_X = 1;     {  X-Position, }
   Fehler_Y = 25;    {  Y-Position, an der Fehlermeldungen ausgegeben
                         werden sollen. }
VAR
   Fehlerstelle : INTEGER;


PROCEDURE Error(Meldung : Fehlermeldung);
{ Gibt Fehlermeldung auf dem Bildschirm aus. }
BEGIN
   GotoXY(Fehler_X, Fehler_Y);
   {  Ausgabe der Fehlermeldung am unteren Bildschirmrand wird von einem
      Piepton begleitet. }
   Write('Fehler: ', ^G, Meldung);
   ClrEol;                          { Rest der Zeile löschen }
END;


PROCEDURE ClrError; { Löscht angezeigte Fehlermeldung vom Bildschirm. }
BEGIN
   GotoXY(Fehler_X, Fehler_Y);
   ClrEol;
END;


FUNCTION Ganzzahl: INTEGER;
{ Liest eine Integer-Zahl ein. Liest eine reelle Zahl und wandelt diese,
  wenn sie innerhalb der für Integer-Zahlen zulässigen Grenzen liegt, in
  eine ganze Zahl um. Unzulässige Eingaben werden zurückgewiesen. }
VAR
   Reelle_Zahl   : REAL;
   eingabe       : STRING;
   X_Position,
   Y_Position    : BYTE;
```

```pascal
    PROCEDURE Overflow;
    BEGIN
        Error('Eingabe liegt außerhalb des zulässigen Bereichs!!');
        Fehlerstelle := 1;
        { Fehlerstelle wird auf einen willkürlichen Wert >0 gesetzt. }
    END;

    PROCEDURE Bruchzahl;
    { Nachkommaanteil < > 0 oder unzulässiges Zeichen in Eingabe }
    BEGIN
        Error('Ganze Zahl eingeben!!');
        Fehlerstelle := 1;  { Willkürlicher Wert > 0 }
    END;

  PROCEDURE Zahl_Lesen;
  BEGIN
      GotoXY(X_Position, Y_Position);
      ClrEol;
      ReadLn(Eingabe);
      Val(Eingabe, Reelle_Zahl, Fehlerstelle);
      WriteLn;
      IF ((Reelle_Zahl < –32768.5) OR (Reelle_Zahl > = 32767.5))
          THEN Overflow
          ELSE IF (Frac(Reelle_Zahl) < > 0) OR (Fehlerstelle > 0)
                  THEN Bruchzahl
                  ELSE ClrError;
  END; {Zahl_Lesen}

BEGIN {Ganzzahl}
  X_Position := WhereX;
  Y_Position := WhereY;
  {    Speichert X-Position des Cursors. Dadurch ist es möglich, immer an die
       Position zu springen, die vom aufrufenden Programm aus vorgegeben wird. }
  REPEAT Zahl_Lesen
  UNTIL Fehlerstelle = 0;
{ Korrekt eingegebene Zahl wird durch Runden in eine Ganzzahl umgewandelt. }
  Ganzzahl := Round(Reelle_Zahl);
  ClrError;                            { Löscht vorhandene Fehlermeldung }
  GotoXY(1, Y_Position + 1);      { An den Anfang der nächsten Zeile }
END; {Ganzzahl}


PROCEDURE GetStr(VAR Instr: STRING);
{ Ersatz für den READ-Befehl, liest einen String ein. }
VAR
  i,
  zeile, spalte : INTEGER;
```

```
BEGIN
  instr[1] : = #0;
  IF Zeile > 24 THEN zeile : = 24;
  Spalte : = WhereX;
  REPEAT
    GotoXY(spalte, zeile);
    ReadLn(Instr)
  UNTIL (instr[1] < > #0);
END;


PROCEDURE InKey(VAR CH : Char);
BEGIN
  REPEAT
    CH : = #255;                { Vorbelegung }
    IF KeyPressed              { Feststellen, ob Taste gedrückt }
      THEN BEGIN
        CH : = ReadKey;        { Zeichen müssen aus Puffer entfernt }
        IF CH = #0             { werden, sonst bleibt »KeyPressed« }
          THEN CH : = ReadKey; { ewig auf »True« stehen. }
      END; {if keypressed}
  UNTIL CH < > #255
END;

END.
```

Damit aus dem Programm nun eine richtige Unit wird, muß sie natürlich in compilierter Form gespeichert werden. Stellen Sie also »Compile/Destination« auf "Disk" und starten Sie den Vorgang mit «Ctrl-F9». Turbo Pascal erkennt den Text aufgrund der Deklaration als Unit und vergibt automatisch das Datei-Suffix ".TPU" statt des ".EXE" für Programme.

Sie brauchen abschließend nur noch ein Programm, das »Ganzzahl« und die Unit »Ueingabe« verwendet, und wenn Ihnen nichts besseres einfällt, nehmen Sie die folgende letzte Variante von »INPINTEG.PAS«.

Hinweis: Wenn Sie Turbo Pascal aus einem anderen Verzeichnis als "TP" oder "SEMINAR" heraus gestartet haben, erhalten Sie beim Compilieren die Fehlermeldung "File not found (UEINGABE.TPU)". Da der Compiler zunächst im aktuellen Verzeichnis, dann in "TP" und in den unter "Options/Directories/Unit Directories" aufgeführten sucht, wechseln Sie einfach mit "Files/Change Dir" zu Turbo Pascal.

```
PROGRAM Integereingabe_mit_Funktion_IN_UNIT;
{ INPINTE4.PAS
  Dieses Beispiel wurde an einigen Stellen erweitert.
  Vergleichen Sie dazu die Kommentare innerhalb der Listings. }

USES
  Crt, Ueingabe;

VAR
  Ganze_Zahl : INTEGER;

BEGIN
  ClrScr;
  GotoXY(1, 5);
  WriteLn('Geben Sie bitte eine ganze Zahl ein!');

  GotoXY(2, 7);      {   Cursor an die Stelle des Bildschirms setzen, an der die
                         Eingabe der Zahl erfolgen soll. }
  Ganze_Zahl := Ganzzahl;

  GotoXY(1, 9);      {   Cursor an die Stelle des Bildschirms setzen, an der die
                         Ausgabe der Zahl erfolgen soll. }
  WriteLn(Ganze_Zahl)
END.
```

Übungen und Fragen

1.) Erläutern Sie die Struktur einer Unit.

2.) Fügen Sie der Unit »UEINGABE« die Prozedur »Grossbuchst« hinzu. Schreiben Sie anschließend ein kleines Programm, das diese Prozedur in Anspruch nimmt, d.h. »UEINGABE« über »USES« mit einbezieht. Fügen Sie der Unit »UEINGABE« anschließend auch die Prozedur »TestKey« hinzu.

3.) Welche besondere Bedeutung kommt den Konstanten »Fehler_X« und »Fehler_Y« innerhalb der Unit »UEINGABE« zu?

4.) Welche Einschränkungen sind bei der Namensgebung für Units zu berücksichtigen?

5.) Was wissen Sie über die interne Darstellung der ganzen Zahlen durch Turbo Pascal im PC?

Strukturierte Datentypen

Im bisherigen Verlauf des Buches haben wir vorwiegend mit einfachen Datentypen gearbeitet. Für die meisten Anwendungen sind diese auch völlig ausreichend. "Vorwiegend mit einfachen Datentypen" bedeutet aber auch, daß Sie im Prinzip schon einen strukturierten Datentyp kennengelernt haben, den Datentyp »STRING«. Strings nehmen insbesondere in bezug auf die Ein- und Ausgabeoperationen eine Zwischenstellung zwischen den "einfachen" und den "strukturierten" Datentypen ein, weil sie sich als Ganzes einlesen und ausgeben lassen. Als Ganzes? Ein besonderes Merkmal der strukturierten Datentypen ist, daß sie aus mehreren Elementen eines anderen Datentyps zusammengesetzt sind.

Das ist auch bei Zeichenketten der Fall. Sie bestehen aus einem oder mehreren einzelnen Zeichen, die sich auch einzeln ansprechen lassen.

Felder

Beginnen wir mit dem sogenannten »ARRAY«. Ein ARRAY faßt Daten des gleichen Typs zusammen. Etwas formaler ausgedrückt sind Arrays sequentielle Folgen von Elementen eines Datentyps, die über einen Index adressiert werden können. Als Beispiel können Sie sich einen Schrank vorstellen, in dem Gegenstände in einzelnen Schubladen liegen. Die einzelnen Datenelemente (Schubladen) können über einen Index (die Nummer der jeweiligen Schublade) angesprochen werden. Die Indexvariable, die zur Ansprache der einzelnen Arrayelemente dient, muß demnach eine ordinale Variable sein (z.B. vom Typ »BYTE«).

Hinweis: »Arrays« werden oft auch als Felder, Matrizen, Tabellen oder Vektoren bezeichnet.

Wenn Sie Arrays verwenden, benutzen Sie gewissermaßen anstelle von vielen kleinen Schränken, die nur über jeweils eine Schublade verfügen, einen großen Schrank mit vielen Schubladen. Zusätzlich hat das den Vorteil, daß die Schachteln nicht völlig verstreut in der Gegend herumstehen können, d.h. während die einzelnen Elemente eines Arrays zusammenhängend im Speicher eines Rechners abgelegt werden, ist das bei Einzelvariablen keineswegs gewährleistet.

Sie können neben eindimensionalen »Arrays« (Schränken mit einer Schubladenreihe) auch *mehrdimensionale* Datenfelder vereinbaren, die beispielsweise neben der Numerierung der Fächer in der Höhe auch die Breite des Schranks und die Fachnummer in der Schublade zur Orientierung nutzen. Die Anzahl der möglichen Dimensionen eines Arrays wird in Turbo Pascal lediglich von dem zur Verfügung stehenden Arbeitsspeicher beschränkt.

Eindimensionale Arrays

Mathematiker und Informatiker bezeichnen einen ARRAY dann als *eindimensional*, wenn er über nur *eine* Indexvariable angesprochen wird. Bei einem Schrank mit nur einer Schubladenreihe genügt es, die entsprechende Schublade mit "Nummer fünf" zu bezeichnen, wenn feststeht, daß die Zählung unten beginnt.

Die Deklaration eines eindimensionalen »Arrays« geschieht wie folgt:

```
VAR varname : ARRAY[anfangswert .. endwert] OF datentyp;
```

Sie müssen einen Bezeichner für das Datenfeld angeben, bestimmen, ob die einzelnen Elemente (Schubladen) von 1 bis 5 oder von 2 bis 6 numeriert sind [Startwert .. Endwert], und Sie müssen zusätzlich angeben, welchen Datentyp die einzelnen Elemente des Arrays aufweisen.

Der in Turbo Pascal vordefinierte Datentyp »String«, den es in Standard-Pascal nicht gibt, läßt sich z.B. als Datentyp folgendermaßen nachbilden:

```
TYPE String = ARRAY[0 .. 255] OF CHAR
```

Diese Form der Verarbeitung von Zeichenketten ist in Standard-Pascal übrigens üblich. In den folgenden Beispielen werden einige Array-Variablen deklariert:

```
VAR Matrix_eindimensional :   ARRAY [1..5] OF REAL;
VAR Zahlenkette           :   ARRAY [2..7] OF INTEGER;
VAR Namensliste           :   ARRAY [1..5] OF STRING[25];
```

Achten Sie darauf, daß »anfangswert« und »endwert« innerhalb der eckigen Klammern durch genau zwei Punkte voneinander getrennt werden müssen. Zusätzliche Leerzeichen vor oder hinter den beiden Punkten sind jedoch zulässig.

Im ersten Beispiel wird eine Arrayvariable deklariert, die fünf reelle Zahlen aufnehmen kann und deren einzelne Elemente über einen Index, der im Bereich zwischen einschließlich 1 und 5 liegen muß, angesprochen werden können. Die einzelnen Elemente von »Zahlenkette« sind vom Datentyp »Integer«. Der Index der einzelnen Variablen lautet hier 2 bis 7. »Namensliste« unterscheidet sich schließlich von »Matrix_eindimensional« nur insofern, als die einzelnen Elemente des Arrays Strings mit einer maximalen Länge von jeweils 25 Zeichen sind.

Hinweis: Sie können jeden beliebigen Datentyp außer Dateitypen für die einzelnen Elemente eines Arrays wählen.

Aufruf und Zuweisungen bei Arrays

Arrays können im Unterschied zu »Strings« nicht als Ganzes angesprochen werden. Sie können aber jedes Element, jede "Schublade", einzeln ansprechen. Dies geschieht, wie bei den Strings, durch direkte Nennung der Indexnummer innerhalb von eckigen Klammern. Z.B. wird durch die Zuweisung

Zahlenkette[2] : = 34;

das Element mit dem Index 2 (die Schublade mit der Nummer 2) des Arrays "Zahlenkette" durch die ganze Zahl 34 belegt. Sie können aber auch anstelle der direkten Nennung der Schubladennummer eine Variable einsetzen und damit den Index z.B. in einer »FOR ... TO ... DO«-Schleife hochzählen.

Durch den Programmteil

```
FOR i : = 2 TO 7 DO
  Zahlenkette[i] : = 0;
```

werden die Elemente des ARRAYS "Zahlenkette" mit dem Wert 0 (vor-) belegt.

Durch die Verwendung von Arrays anstelle von einfachen Variablen läßt sich in Verbindung mit der »FOR ... TO ... DO«-Schleife viel Schreibarbeit sparen. Dies wird an einem Programmteil wie dem folgenden deutlich:

```
FOR i : = 1 TO 5 DO BEGIN
    Write('Geben Sie den ',i,'-ten Namen ein: ');
    ReadLn(Namensliste[i])
END;
```

Durch die Einbettung der Eingaberoutine in eine Zählschleife wird diese fünfmal durchlaufen. Dadurch wird der Bediener des Programms fünf Mal zu einer Eingabe über die Tastatur aufgefordert, ohne daß die Eingaberoutine selbst fünf Mal geschrieben werden müßte. Welche Vorteile sich daraus ergeben, können Sie sich leicht ausmalen, wenn Sie sich vorstellen, Sie wollten nicht fünf, sondern 1557 Eingabeaufforderungen auf dem Bildschirm erscheinen lassen und müßten die zugehörigen Eingabeaufforderungen alle hintereinander in den Quelltext schreiben. Zudem können Sie die Anzahl der Eingabeaufforderungen auch offen lassen und bei Programmstart gesondert abfragen, indem Sie hinter "TO" keinen konstanten Wert, sondern eine Variable oder Konstante eintragen. Die Variable können Sie dann entweder vom Anwender, innerhalb des Programms oder im Programmkopf belegen (lassen).

Bei Verwendung von Strings und der »FOR ... TO ... DO«-Schleife haben Sie dieses Verfahren schon kennengelernt. Hier wurde die Schleife oft nur so lange durchlaufen, bis alle Zeichen (Elemente) innerhalb der tatsächlichen Länge erfaßt waren. Die Anzahl der Schleifendurchläufe wird entsprechend meist über »Length« ermittelt.

Aufgaben

1.) Addition von Arrayelementen
Schreiben Sie ein Programm, das zunächst zehn Zahlen in einen eindimensionalen »Array« einliest, diese anschließend addiert und dann das Ergebnis ausgibt. (Sie könnten die eingegebenen Zahlen auch direkt addie-

ren, ohne sie in einem ARRAY zwischenzuspeichern. Aber genau das sollen Sie eben nicht machen.)

2.) Sequentielle Suche in Arrays (1)

Arbeiten Sie ein Programm aus, das als Eingabe über die Tastatur 25 Zahlen erwartet, die in einem Array abgespeichert werden sollen. Danach soll der Benutzer aufgefordert werden, eine weitere Zahl einzugeben.

Das Programm überprüft daraufhin, ob die zuletzt eingegebene Zahl mit einer der vorher eingegebenen Zahlen übereinstimmt und gibt eine entsprechende Meldung auf dem Bildschirm aus, d.h. das Programm teilt dem Benutzer mit, ob die zuletzt eingegebene Zahl im Array vorhanden ist oder nicht.

3.) Sequentielle Suche in Arrays (2)

Schreiben Sie ein Programm, bei dem 10 Zahlen eingegeben und in einer Matrix abgespeichert werden sollen. Wenn Sie danach eine Zahl eintippen, soll das Programm entweder ausgeben, daß kein Element der Matrix größer ist als Ihre Zahl, oder mitteilen, welche Elemente größer sind als Ihre Zahl, und zwar in der Form:

Element 1 hat den Wert 27 und ist größer als Ihre Zahl.

4.) Präsentationsgrafik ohne Grafik

Das folgende Beispiel umfaßt im Prinzip alle bisher kennengelernten Elemente von Turbo Pascal. Ziel der Bemühungen ist es, eine einfache "Präsentationsgrafik" auf dem Bildschirm auszugeben. Dabei heißt "einfach", daß die Grafik eigentlich gar keine echte Grafik ist, sondern lediglich auf die Grafikzeichen des ASCII-Zeichensatzes zurückgreift. Für die Erstellung einer Balkengrafik reicht dies aber völlig aus.

Stellen Sie sich vor, daß Sie im Support (der Vertriebsunterstützung) eines Unternehmens beschäftigt sind. Eines Tages stürzt Ihr Chef ins Zimmer und, da er weiß, daß Sie über Programmierkenntnisse in Turbo Pascal verfügen, gibt er Ihnen den Auftrag, die Umsätze der vier erfolgreichsten Vertreter der Firma mit Hilfe eines (Pascal-)Programms auszuwerten.

Die Daten sollen über die Tastatur ein- und anschließend in grafischer Form auf dem Bildschirm ausgegeben werden. Realisieren Sie die Eingabe der Umsatzzahlen über eine »FOR ... TO ... DO«-Schleife. Die Umsatzzahlen sollen also in einem Array abgespeichert werden.

Entwerfen Sie mit Hilfe der ASCII-Zeichen (z.B. die Zeichen mit den Nummern 176, 177, 178 und 219) eine Darstellung der Umsatzdaten in Prozent vom Gesamtumsatz.

Schließen Sie das Programm mit einem Eingabebefehl ab, um zu vermeiden, daß Sie sofort wieder in die IDE zurückkehren und sorgen Sie dafür, daß die Anzahl der maximal in einer Zeile auszugebenden Zeichen kleiner als 80 bleibt, da sonst automatisch ein Zeilenvorschub geschaltet werden würde. Wenn Sie ganz clever sein wollen, berücksichtigen Sie auch noch die Division durch Null (z.B.: wenn alle Vertreter "Null Umsatz" machen), die das Programm zum Absturz bringen kann!

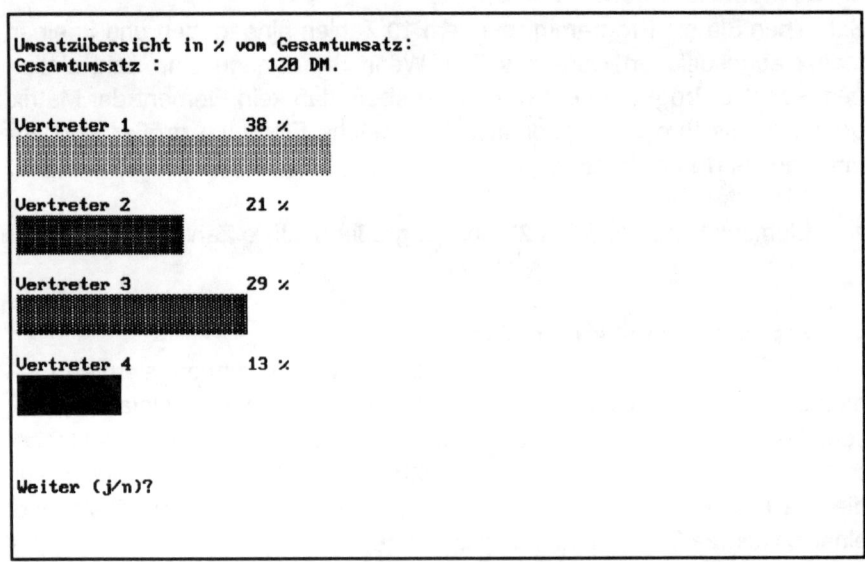

Beispiellösung

Zu der Vertreteraufgabe folgt eine Musterlösung, die noch einmal die Pascal-typische Zerlegung des Problems in Teilprobleme demonstriert. Beginnen Sie deshalb mit der Analyse im Hauptprogramm und sehen Sie sich dann an, was die einzelnen Prozeduren und Funktionen leisten. Eine Kontrolle der Eingaben der Umsatzwerte auf deren Zulässigkeit findet nicht statt.

```
PROGRAM Vertreter;
{ VERTRET.PAS }

USES Crt;
CONST
    Symbol : ARRAY[1..4] OF char = (#176, #177, #178, #219);
    {    Typisierte Konstante mit den Sonderzeichen für das Balkendiagramm. }

VAR
    umsatz        : ARRAY[1..4] OF REAL;      { Vertreterumsätze }
    weiter        : CHAR;
    Gesamtumsatz : REAL;
    i, j,                                      { Laufvariablen }
    n             : INTEGER;                   { Schleifenendbedingung }


FUNCTION Grosstaste: CHAR;
VAR Taste
BEGIN
    REPEAT
        Taste : = UpCase(readkey);          { In Großschreibung umwandeln }
    UNTIL (Taste = 'J') OR (Taste = 'N');   { Bis Antwort zulässig }
    Grosstaste : = weiter
END;

PROCEDURE Daten_erfassen;

    PROCEDURE Initialisierung;
    BEGIN
        ClrScr;
        Gesamtumsatz : = 0;
        {    Vorbelegung der Arrayvariablen }
        FOR i : = 1 TO 4 DO umsatz[i] : = 0;
    END;

    PROCEDURE Eingabe;
    {    Vertreterumsätze einlesen und Gesamtumsatz berechnen. }
    BEGIN
        WriteLn('Bitte geben Sie im folgenden die Umsätze der 4 Vertreter ein!');
        FOR i : = 1 TO 4 DO
        BEGIN
            Write('Bitte geben Sie den Umsatz des Vertreters ', i, ' ein: ');
```

```pascal
      ReadLn(umsatz[i]);
         Gesamtumsatz : = Gesamtumsatz + umsatz[i];
      END; {FOR i}
   END; {Eingabe}


   PROCEDURE Frage;
   {   Wenn der Gesamtumsatz gleich Null ist, wird gefragt,
       ob das Programm abgebrochen oder neu gestartet werden soll. }
   BEGIN
      ClrScr;
      WriteLn('Die Vertreter haben keinen Umsatz gemacht.');
      WriteLn;
      WriteLn('Wollen Sie neue Daten eingeben ? (j/n) ');
      weiter : = Grosstaste;
      IF weiter = 'N'
         THEN HALT;   { Abbruch des Programms }
   END; {Frage}

BEGIN {Daten_erfassen}
   REPEAT
      Initialisierung;
      Eingabe;
      IF Gesamtumsatz = 0
         THEN Frage;
   UNTIL Gesamtumsatz < > 0
END; {Daten_erfassen}


PROCEDURE Berechnung;
BEGIN
   FOR i : = 1 TO 4 DO
      BEGIN
         umsatz[i] : = umsatz[i] / Gesamtumsatz * 100;
         umsatz[i] : = Int(umsatz[i] + 0.5);
      END;
   ClrScr;
   WriteLn('Umsatzübersicht in % vom Gesamtumsatz:');
   WriteLn('Gesamtumsatz : ', Gesamtumsatz:12:0, ' DM. ');
   WriteLn; WriteLn;
END; {Berechnung}


PROCEDURE Grafik;

   PROCEDURE Balken (i: INTEGER);
   {   Multiplikation mit 0.79, um zu verhindern, daß, wenn ein Vertreter
       100 % des Gesamtumsatzes macht, kein Zeilenvorschub am Ende der
```

Zeile auftritt. Ein Zeilenvorschub würde automatisch erzeugt werden, wenn in der 80. Spalte ein Zeichen eingetragen wird. }

```
{  Die Funktion TRUNC(Variablenname) wandelt eine Zahl vom Typ "REAL"
   in eine Zahl vom Typ "INTEGER" um. Diese wird als Laufvariable für
   FOR-Schleife benötigt. }
BEGIN
   WriteLn('Vertreter ', i, ' ', umsatz[i]:12:0, ' %');
   n := Trunc(umsatz[i] * 0.79);

   FOR j := 1 TO n DO Write(Symbol[i]);        { Gibt Grafikzeile aus. }
   WriteLn;
   FOR j := 1 TO n DO Write(Symbol[i]);        { Unschön, bitte selbständig}
   WriteLn; WriteLn;                           { verbessern }
   END; {Balken}


BEGIN {Grafik}
   FOR i := 1 TO 4 DO
      Balken (i);
   WriteLn; WriteLn;
   Write('Weiter (j/n)? ');
   END; {Grafik}


BEGIN {Hauptprogramm}
   REPEAT
      Daten_erfassen;
      Berechnung;
      Grafik;
      weiter := Grosstaste;
   UNTIL weiter = 'N';
   END.
```

Typisierte Konstanten

Neu ist die Deklaration der Konstanten "Symbol". Sie haben mit Turbo Pascal nicht nur die Möglichkeit, Konstanten und Variablen zu deklarieren, sondern können auch mit sogenannten »typisierten Konstanten« arbeiten. »Typisierte Konstanten« lassen sich als "vorbelegte Variablen" bezeichnen. Tatsächlich können Sie eine typisierte Konstante innerhalb eines Programms ähnlich wie eine Variable behandeln und ihr ohne weiteres neue Werte zuweisen.

In vielen Fällen führt die Verwendung von typisierten Konstanten zu einer erheblichen Vereinfachung bei der Programmerstellung. Statt einem Satz Variablen zu Beginn eines Programms Werte zuzuweisen, sie also zu *initialisieren*, können Sie die Werte der typisierten Konstanten schon im Deklarationsteil angeben.

In »VERTRET.PAS« wird das »ARRAY OF CHAR« mit dem Namen »Symbol« mit den Zeichen initialisiert, die später für die Erstellung der Grafik verwendet werden.

Hier noch einige weitere Beispiele für Deklarationen von typisierten Konstanten:

```
CONST
    Ganze_Zahl    : INTEGER = 12000;
    Reell         : REAL = 3.12;
    ZahlWoerter   : ARRAY[1..3] OF STRING[5] = ('Eins', 'Zwei', 'Drei');
```

Hinweis: Da der Gesamtumsatz bei jedem erneuten Durchlauf des Programms »VERTRET.PAS« wieder auf 0 gesetzt werden muß, läßt sich für »Gesamtumsatz« keine typisierte Konstante verwenden. (Beim zweiten Durchlauf erhielten Sie falsche Ergebnisse.)

Halt

Die Prozedur »Halt« haben wir bisher ebenfalls noch nicht behandelt. Mit Aufruf von »Halt« können Sie die Ausführung eines Programms abbrechen und zur DOS-Kommandoebene bzw. zu dem Programm zurückkehren, von dem aus Ihr Programm gestartet wurde. Allerdings ist diese Art, ein Programm zu beenden, nicht die feine Art des Pascal-Programmierers. Besser wäre es, in Abhängigkeit von der Antwort entweder den Block "Berechnung/Grafik" zu starten oder die Eingabeschleife noch einmal zu durchlaufen. Versuchen Sie doch einmal, eine elegantere Lösung zu finden!

Weitere Hinweise finden Sie in den Kommentaren des Programms. Anzumerken ist noch, daß das Programm eingegebene reelle Zahlen erst für die Bildschirmausgaben in ganze Zahlen umwandelt. Dadurch werden

Probleme durch mögliche Überschreitungen der zulässigen Wertebereiche von vornherein vermieden.

Mehrdimensionale Arrays

Arrays können mehr als eine einzige Dimension umfassen. In einem solchen Fall spricht man von "mehrdimensionalen" oder "multidimensionalen" Arrays. Diese werden häufig in Statistik und Mathematik (z.B. bei der Matrizenrechnung) verwendet. Die Deklaration eines zweidimensionalen Arrays sieht z.B. so aus:

```
VAR
    Array_2_Dim[1..80,1..25] OF CHAR;
```

Die Variable Array_2_Dim entspricht einer Matrix bzw. einem zweidimensionalen Array, das Sie alle kennen: dem Bildschirm eines Rechners mit den Spalten 1 bis 80 und den Zeilen 1 bis 25. Die einzelnen Elemente dieses zweidimensionalen Arrays sind Zeichen.

Da die Zuordnung von Werten zu den einzelnen Arrayelementen lediglich über Zahlen erfolgt, obliegt es dem Programmierer, darauf zu achten, daß er die Laufvariablen richtig verwendet. Die Ver- und Bearbeitung von mehrdimensionalen Arrays erfolgt in der Regel über mehrere verschachtelte »FOR ... TO ... DO«-Schleifen. Dabei läuft die jeweils innerste Schleife am schnellsten.

Die Verwendung eines zweidimensionalen Arrays wird im folgenden Beispiel verdeutlicht. Dadurch, daß einmal »Zeile« und das andere Mal »Spalte« die innere Laufvariable bildet, wird der Bildschirm einmal spalten- und einmal zeilenweise beschrieben.

```
PROGRAM Zwei_dim_ARRAY; { ARRAY2.PAS - TP 5.5 }
USES Crt;
VAR
    ARRAY_2_Dim : ARRAY[1..80, 1..25] OF CHAR;
    Spalte,
    Zeile : INTEGER;
```

```
PROCEDURE Initialisierung;
{ Array-Elemente belegen }
BEGIN
  ClrScr;
  FOR Zeile : = 1 TO 25 DO
      FOR Spalte : = 1 TO 80 DO
          ARRAY_2_Dim[Spalte, Zeile] : = Chr(32 + Spalte);
END;

PROCEDURE Spaltenweise;
{ Array-Elemente ausgeben - Zeile läuft schneller }
BEGIN
  FOR Spalte : = 1 TO 80 DO
      FOR Zeile : = 1 TO 25 DO
          BEGIN
              GotoXY(Spalte, Zeile);
              Write(ARRAY_2_Dim[Spalte, Zeile]);
          END;
END;

PROCEDURE Zeilenweise;
{ Array-Elemente ausgeben - Spalte läuft schneller }
BEGIN
  ClrScr;
  FOR Zeile : = 1 TO 25 DO
      FOR Spalte : = 1 TO 80 DO
          BEGIN
              GotoXY(Spalte, Zeile);
              Write(ARRAY_2_Dim[Spalte, Zeile]);
          END;
END;

BEGIN {Hauptprogramm}
  Initialisierung;
  REPEAT
    Spaltenweise;
    Zeilenweise;
  UNTIL keypressed;        {Abbruch mit beliebiger Taste}
END.
```

Hinweise: Wenn das letzte Zeichen des Bildschirms (Spalte 80, Zeile 25) mit »Write« geschrieben wird, erfolgt ein Zeilenvorschub, so daß der Bildschirm um eine Zeile nach oben rollt.

Wenn Sie über einen schnellen Rechner verfügen, müssen Sie schon genau hinsehen, um den Bildschirmaufbau mitverfolgen zu können. (In einem solchen Fall können Sie die Prozedur "Delay" aus der Unit Crt zur Verzögerung einsetzen. Informieren Sie sich ggf. in den Hilfetexten über diese Funktion.)

Ein weiteres Beispiel für ein zweidimensionales Array aus dem statistischen Bereich sieht folgendermaßen aus:

```
VAR
    Budget : ARRAY[1982..1986,1..2] OF REAL;
```

Es soll das verfügbare Einkommen und die Ersparnis der privaten Haushalte aufnehmen, die in der folgenden Tabelle dargestellt sind:

Jahr	Einkommen	Ersparnis
1982	1052,4	134,4
1983	1085,2	121,0
1984	1132,3	129,4
1985	1176,1	134,3
1986	1228,1	147,0

In diesem Array enthält »Budget[1982,1]« dann den Wert 1052.4, »Budget[1986,2]« den Wert 147.0. Die Bezeichnungen für die einzelnen Felder des Arrays lassen jedoch keinerlei direkte Rückschlüsse auf deren Inhalte zu. Sie können aber die Lesbarkeit erhöhen, indem Sie zwei Konstanten "Eink = 1" und "Ersp = 2" definieren, mit denen Sie die Felder ansprechen, z.B. "Budget[1986, Eink] := 1228.1".

Records

Damit kommen wir zu einer weiteren Datenstruktur, dem sogenannten »RECORD«, mit dessen Hilfe wir sehr viel flexibler Daten erfassen können:

```
VAR Budget: ARRAY[1982..1986] OF RECORD
                    Name: STRING[25];
                    Einkommen,
                    Ersparnis : REAL;
            END;
```

Bei einem »RECORD« handelt es sich um eine statische Datenstruktur, die Sie am besten mit einer Karteikarte oder einem Formular vergleichen können. Auf jeder Karteikarte befindet sich ein Datensatz. Zusätzlich enthält die Karteikarte feste Felder, in denen bestimmte Eintragungen vorgenommen werden können, wie z.B. Name, Vorname, Alter, Geburtsort usw.

"Records" erlauben dem Programmierer, Elemente unter einem übergeordneten Begriff (wie etwa dem Namen auf der Karteikarte) zusammenzufassen, wobei die einzelnen Teilelemente (die einzelnen Felder der Karteikarte) von beliebigen, auch verschieden Datentypen sein können, also durchaus selbst wieder Records oder Arrays.

Unter Datenstrukturen versteht man allgemein die Zusammenfassung von Daten zu geordneten Mengen oder "Oberbegriffen". Insbesondere Records geben dem Programmierer mächtige Werkzeuge zur leichten und sicheren Handhabung vieler zusammengehöriger Einzeldaten an die Hand.

Die Beispieldeklaration eines Records, der einem Eintrag in einem Adress- oder Telefonverzeichnis entspricht, sieht folgendermaßen aus:

```
VAR  Freund =  RECORD
                    Nachname,
                    Vorname,
                    Strasse,
                    Ort        : STRING[20];
                    PLZ        : STRING[4];
                    Telefon    : STRING[12];
              END;
```

Einzelne Elemente eines Records lassen sich über den Namen des Records und den Bezeichner des jeweiligen Felds, getrennt von einem Punkt ansprechen. Über

Freund.Nachname := 'Schmitz';

tragen Sie im übertragenen Sinne im Feld »Nachname« eines Formulars 'Schmitz' ein. Auf diese Art und Weise können Sie jedes Feld eines Records ansprechen und entsprechend seinem zugrundeliegenden Datentyp behandeln.

Jetzt werden Sie sicherlich feststellen, daß es einigen zusätzlichen Schreibaufwand erfordert, wenn jedes Mal der Name des Records zusätzlich zum Feldnamen mit angegeben werden muß. Jedoch hat der Entwickler der Sprache Pascal auch daran gedacht.

Die »WITH .. DO«-Anweisung

Wenn Sie mehrere Felder eines Records nacheinander innerhalb eines Programms ansprechen wollen, können Sie die »WITH«-Anweisung verwenden. Damit entfällt die Notwendigkeit, jeweils den Namen des Records zusammen mit dem Namen des Feldes angeben zu müssen. Anstelle der Anweisung

Freund.Nachname := 'Schmitz';

können Sie dann

```
WITH Freund DO
   BEGIN
      Nachname := 'Schmitz';
   END;
```

schreiben.

Natürlich macht dieses Vorgehen relativ wenig Sinn, wenn Sie lediglich ein einziges Feld eines Records ansprechen wollen. Wenn Sie jedoch alle Felder des Records »Freund« belegen wollen, ersparen Sie sich durch Verwendung der »WITH«-Anweisung schon recht viel Schreibarbeit:

```
WITH Freund DO
    BEGIN
        Write('Nachname: ');
        ReadLn(Nachname);
        Write('Vorname: ');
        ReadLn(Vorname);
        Write('Straße, Hausnummer: ');
        ReadLn(Strasse);
        Write('Postleitzahl ');
        ReadLn(PLZ);
        Write('Wohnort: ');
        ReadLn(Ort);
        Write('Telefon: ');
        ReadLn(Telefon);
    END;
```

In unserem Eingangsbeispiel lassen sich die Elemente jetzt folgendermaßen ansprechen:

    BSP[1982].Einkommen := 1052.4;

Auf ein vollständiges Beispielprogramm zum Thema Records soll an dieser Stelle verzichtet werden, da es im Zusammenhang mit der Dateiverarbeitung einige Seiten später folgen wird.

Aufgabe
Schreiben Sie ein Programm, das im Dialog unter Benutzung der Record-Struktur Adresseneingaben über die Tastatur erwartet und die eingegebenen Adressen etwa in der Form:

```
    Herrn
    Hugo Hopper
    Froschweg 27


    8000 München
```

auf dem Bildschirm wieder ausgibt!

Variante Records

Eine Besonderheit beim Umgang mit Recordtypen sind die "varianten Records", die in Verbindung mit »CASE« deklariert werden können. Über variante Records können Sie Daten erfassen, die größtenteils die gleiche Struktur aufweisen, aber in einigen Details voneinander abweichen. Z.B. läßt sich der Record, der der Variablen Freund zugrundeliegt, zu dem folgenden varianten Recordtyp erweitern:

```
TYPE
  Person =  RECORD
              Nachname,
              Vorname,
              Strasse,
              Ort    : STRING[20];
              PLZ    : STRING[4];
              Telefon : STRING[12];
              CASE Hobby: (Computer, Musik) OF
                  Computer: (Typ:         String[20];
                             MByte:       BYTE;
                             KannLesen:   BOOLEAN);
                  Musik:    Instrumente:  ARRAY[1..3] OF STRING[10];
          END;
```

Hier enthalten einzelne Datensätze in Abhängigkeit vom angegebenen Hobby, für das ein Aufzählungstyp mit zwei Elementen definiert wird, unterschiedliche Datenfelder. Bei Computerfans werden Rechnertyp, RAM-Speicher und Kulturtechniken, bei Musikern die Instrumente eingetragen.

Im Speicher oder auf einer Diskette belegt dann ein Datensatz immer so viel Platz wie die größte Variante, d. h. es wird hier immer der Platz reserviert, der für Musiker benötigt wird. (Begründen Sie, weshalb, weshalb es zehn Byte mehr sind als bei Computerfreaks!).

Mengen (Sets)

Neben Records und Arrays gibt es in Turbo Pascal noch eine dritte statische Datenstruktur: Mengen bzw »Sets«. Mengen werden, abgesehen von dem im folgenden Beispiel dargestellten Einsatz als Vorgabeliste der zulässigen Antworten, recht selten eingesetzt. Einer der Gründe dafür ist

---

wohl darin zu sehen, daß Mengenoperationen relativ langsam ausgeführt werden.

Im folgenden finden Sie eine Reihe von Beispielen zu möglichen Mengen-operationen. Neben den dort dargestellten Operatoren (»in« und »+«) können Sie mit »*« den Mengendurchschnitt und mit »–« die Mengendifferenz bilden.

```
PROGRAM Mengen;
{ MENGEN.PAS }
USES Crt;
TYPE Buchstaben = SET OF CHAR; { extra Typdeklaration für die Parameterüber-
gabe in GROSSTASTE }
VAR
  Antwortmenge,
  Menge1,
  Menge2    : Buchstaben;
  CH        : CHAR;

FUNCTION Grosstaste (Erlaubt: Buchstaben): CHAR; { SET OF wäre hier nicht
erlaubt! }
VAR Taste: CHAR;
BEGIN
  REPEAT
     Taste : = upcase(readkey);
  UNTIL Taste IN Erlaubt;
  WriteLn (' Richtig!!!');
  Grosstaste : = Taste;
END;

BEGIN
  Antwortmenge : = ['J', 'N'];
  WriteLn('J oder N zulässig ');
  CH : = Grosstaste (Antwortmenge);

  Menge1 : = ['K'];
  Antwortmenge : = Menge1 + Antwortmenge; { Vereinigung }
  WriteLn('Auch k zulässig');
  CH : = Grosstaste (Antwortmenge);
  REPEAT UNTIL keypressed;   { Tut nichts bis zum nächsten Tastendruck,
                              verhindert aber die sofortige Rückkehr zur IDE! }
END.
```

Dateiverarbeitung

In diesem Abschnitt behandeln wir die Dateiverarbeitung am Beispiel der sogenannten "typisierten Dateien". Sie werden allgemein über

VAR

    Dateivariablenname : FILE OF Komponententyp;

deklariert. Dabei ist der Dateivariablenname ein ganz gewöhnlicher, gültiger Bezeichner. Der Datentyp der einzelnen Komponenten einer typisierten Datei ist prinzipiell beliebig, jedoch können keine Konstrukte der Art »FILE OF FILE« verwendet werden. Meist ist der der Deklaration einer Dateivariablen zugrundeliegende Komponententyp ein Record, wie das auch im folgenden Beispiel der Fall ist. Sehen Sie sich zunächst einmal nur den Deklarationsteil an. Er dürfte Ihnen weitgehend vom vorausgegangenen Kapitel her bekannt sein. Der "Umweg", die Variable »Freund« indirekt über den Datentyp »Person« zu deklarieren, ist notwendig, weil für die Deklaration der Variablen »Adressdatei« ein Komponententyp verwendet werden muß. Dieser und der Datentyp der in diese Datei zu übertragenden Variablen müssen übereinstimmen.

Das Programm öffnet eine bestehende bzw. erzeugt eine neue Datei, deren Name über die Tastatur eingegeben werden muß. Anschließend können so lange Datensätze über die Tastatur eingegeben werden, bis der Programmanwender die Abfrage, ob weitere Datensätze eingegeben werden sollen, mit 'N' beantwortet. Die funktionalen Einheiten des Programms sind:

- Dateinamen einlesen,

- Datei öffnen bzw. neue Datei erzeugen (»Assign« bis {$I + }),

- Datensätze mittels einer »REPEAT ... UNTIL«-Schleife einlesen und abspeichern und

- geöffnete Dateien schließen.

Die Einzelheiten des Programms werden wir im Anschluß an das Listing behandeln.

```
PROGRAM PersonenDatei;
{ DATEI1.PAS }

USES Crt, Ueingabe;

TYPE Person = RECORD
                 Nachname,
                 Vorname,
                 Strasse,
                 Ort     : STRING[20];
                 PLZ     : STRING[4];
                 Telefon : STRING[12];
              END;

VAR  Freund     : Person;
     Adressdatei: FILE OF Person;
     Antwort    : CHAR;
     Dateiname  : STRING [14]; { Inkl. Laufwerk max. 14 Zeichen }

PROCEDURE Datei_oeffnen;
BEGIN
  ClrScr;
  WriteLn('Unter welchem Namen soll die Datei auf Diskette gespeichert');
  Write('werden? ');
  ReadLn(Dateiname);
  Assign (Adressdatei, Dateiname);

  {   Durch ASSIGN wird dem im Programmkopf definierten FILE der Name
      einer physischen Diskettendatei zugeordnet, z. B. A:\PERSONEN.DAT }
  {   REWRITE bereitet eine Datei zum Beschreiben vor. Eventuell
      vorhandene Daten werden gelöscht, d. h. die Datei wird auf jeden
      Fall neu eröffnet. Daher wird zunächst mit RESET versucht, eine
      vorhandene Datei zu öffnen und diese zu verlängern. }

  {$I-}                            { Ein-/Ausgabekontrolle abschalten }
  Reset(Adressdatei);
  IF IOResult < > 0               { Wenn Datei vorhanden, IOResult = 0}
     THEN
        BEGIN
           Rewrite(Adressdatei);    { Datei neu anlegen }
           IF IOResult < > 0 THEN Write ('Fehler beim Anlegen der Datei.');
        END {THEN}
     ELSE                         { Datei vorhanden }
        WHILE NOT Eof(Adressdatei) DO
           Read(Adressdatei, Freund);{ Datensatzzeiger auf Dateiende setzen }
  {$I+}                           { Ein-/Ausgabekontrolle einschalten }
END; {Datei_oeffnen}
```

```
PROCEDURE Daten_erfassen;

    PROCEDURE Eingabe;
    BEGIN
        Write('Nachname: ');
        ReadLn(Nachname);
        Write('Vorname: ');
        ReadLn(Vorname);
        Write('Straße, Hausnummer: ');
        ReadLn(Strasse);
        Write('Postleitzahl ');
        ReadLn(PLZ);
        Write('Wohnort: ');
        ReadLn(Ort);
        Write('Telefon: ');
        ReadLn(Telefon);
    END;

    PROCEDURE Schreiben;
    {   Mit WRITE(Filename,Variablenname) werden die sich im Arbeits- }
    {   speicher befindlichen Variablen im File unter den Variablennamen }
    {   abgelegt. Der Datensatzzeiger rückt zum nächsten Datensatz vor. }
    BEGIN
        IF Length(Nachname) > 0 { Wenn Name eingetragen wurde, }
            THEN Write(Adressdatei, Freund);    { Datensatz in Datei schreiben }
    END; {Schreiben}


BEGIN {Daten_erfassen}
    FillChar(Freund, SizeOf(Freund), ' ');       { Datensatz vorbelegen }
    WriteLn;
    WriteLn;
    WITH Freund DO Eingabe;
    Schreiben;
END; {Daten_erfassen}


FUNCTION Genug: BOOLEAN;
BEGIN
    WriteLn;
    Write('Weitere Eingaben gewünscht (j/n) ? ');
    InKey(Antwort);
    IF UpCase(Antwort) = 'N'
        THEN Genug := TRUE
        ELSE Genug := FALSE;
END;
```

Dateiverarbeitung

```
BEGIN {Hauptprogramm}
   Datei_oeffnen;
   REPEAT
      Daten_erfassen;
   UNTIL Genug;
   Close(Adressdatei);
END.
```

Standardroutinen der Dateibearbeitung

Die folgenden Prozeduren und Funktionen lassen sich sowohl auf typisierte Dateien als auch auf die hier nicht vorgestellten untypisierten Dateien
und Textdateien anwenden.

Die Prozedur Assign

Mit »Assign« können Sie einer Datei-Variablen eine externe Datei zuord-
nen.

```
VAR
      Adressdatei: File Of Person;
      Dateiname  : String[14];
         ...
      Dateiname := 'TEST.DAT';
      Assign(Adressdatei, Dateiname);
```

Diese Zeilen ordnen der Datei-Variablen "Adressdatei" den Dateinamen zu,
der sich in »Dateiname« befindet. Sie können den der Datei-Variablen zu-
zuordnenden Namen innerhalb eines Programms auch direkt angeben:

    Assign(Adressdatei, 'TEST.DAT');

Achten Sie darauf, daß »ASSIGN« nicht auf schon geöffnete Dateien angewendet werden darf.

Die Prozedur Reset

»Reset« öffnet eine existierende Datei, deren Name zuvor mit Assign einer Dateivariablen zugeordnet worden ist.

Assign(Adressdatei,'TEST.DAT');
Reset(Adressdatei);

öffnet die Datei 'TEST.DAT', sofern sie vorhanden ist. Sofern 'TEST.DAT' nicht geöffnet werden kann, erzeugt der Compiler einen Laufzeitfehler, den Sie bei Verwendung der Compilerdirektive {$I-} abfangen können.

Die Prozedur Rewrite

»Rewrite« erzeugt eine neue Datei und öffnet sie. Wenn eine Datei mit entsprechendem Namen bereits existiert, wird deren Inhalt gelöscht. Die Datei wird also überschrieben.

Rewrite(Adressdatei);

öffnet die externe Datei, deren Namen der Datei-Variablen »Adressdatei« zugeordnet worden ist.

Die Prozedur Close

»Close« schließt die über eine Dateivariable angegebene Datei. Dabei ist darauf zu achten, daß »Close« einen Laufzeitfehler verursacht, wenn diese Prozedur auf eine Datei angewendet werden soll, die bereits geschlossen bzw. nicht offen ist.

Close(Adressdatei);

schließt die Datei, deren Name der Dateivariablen »Adressdatei« zugeordnet ist.

Hinweis: Um zeitaufwendige Diskettenzugriffe zu sparen, speichert Turbo Pascal die Daten zunächst in einem Puffer. Wenn Sie Datenverluste oder neue Zugriffe auf noch geöffnete Dateien vermeiden wollen, sollten Sie alle Dateien am Programmende schließen!

Die Funktion EOF

Mit »EOF« vom Typ BOOLEAN können Sie prüfen, ob das Ende einer Datei erreicht ist, d.h. ob sich der Dateipositionszeiger hinter der letzten Dateikomponente befindet. In unserem Beispielprogramm wird »EOF« dazu verwendet, um festzustellen, ob der Positionszeiger sich am Ende der Datei befindet und um ihn dorthin zu bewegen.

```
WHILE NOT EOF(Adressdatei) DO
    Read(Adressdatei, Freund);
```

liest so lange Datensätze aus der Dateivariablen »Adressdatei«, bis sich der Positionszeiger am Ende der Datei befindet. Ein solches Vorgehen ist bei typisierten Dateien notwendig, da ansonsten Datensätze, die einer bestehenden Datei hinzugefügt werden sollen, bereits vorhandene Datensätze überschreiben würden. Bevor hier weitere Datensätze eingegeben werden können, muß der Positionszeiger an das Ende der Datei gesetzt werden.

Hinweis: Eine schnelle Alternative ist die Prozedur »Append«, die die Datei öffnet und den Zeiger gleich ans Ende setzt. Informieren Sie sich in der Hilfe-Funktion und probieren Sie's aus.

Die Funktion IOResult

»IOResult« dient der Fehlerermittlung. Diese Funktion liefert den Status der letzten Ein-/Ausgabeoperation zurück und kann nur dann eingesetzt werden, wenn die automatische Ein-/Ausgabe-Kontrolle des Compilers zuvor mit {$I-} abgeschaltet wurde. Bei fehlerfreier Ausführung von Operationen wird von »IOResult« immer eine 0 zurückgeliefert. Daher genügt i.d.R. eine Überprüfung auf ungleich oder gleich 0. Beachten Sie bei dem Einsatz von IOResult bitte, daß der Aufruf dieser Funktion nur dann korrekte Werte liefert, wenn er direkt nach der zu kontrollierenden Aktion geschieht. Wollen Sie einen Fehlerwert später weiterverwenden, müssen Sie das Ergebnis von »IOResult« direkt nach der zu überprüfenden Aktion einer Hilfsvariablen zuweisen.

Der folgende Programmteil versucht, eine vorhandene Datei unter dem Namen »C:\TP\TEST.DAT« zu öffnen. Wenn dieser Versuch fehlschlägt, wird eine entsprechende Meldung auf dem Bildschirm ausgegeben.

```
{$I-}                    { Ein-/Ausgabekontrolle abschalten }
Reset('C:\TP\TEST.DAT');
IF IOResult < > 0 THEN
    Write('Fehler beim Öffnen der Datei.');
{$I+}                    { Ein-/Ausgabekontrolle einschalten }
```

Weitere Besonderheiten des Beispiels

Damit haben wir gleichzeitig alle im Beispielprogramm verwendeten Anweisungen erfaßt. Einige Besonderheiten sollten jedoch noch kurz erläutert werden, zumal sie z.T. Demonstrationszwecken dienen und sicher besser gelöst werden könnten.

Meist ist es sinnvoll, innerhalb eines Programms nur »Reset« oder »Rewrite« zu verwenden. Bei Verwendung von »Reset« funktioniert das Programm nur dann, wenn eine entsprechende Datei auch tatsächlich vorhanden ist. »Rewrite« andererseits kann zwar eine Datei eröffnen, jedoch wird bei jedem weiteren Programmlauf eine entsprechende vorhandene Datei überschrieben und damit gelöscht.

Daher wurde im Beispielprogramm eine zusätzliche Überprüfung eingesetzt. Dafür ist es erforderlich, die Ein-/Ausgabekontrolle nicht dem Compiler zu überlassen, da der Versuch, eine nicht vorhandene Datei zu öffnen, zwangsläufig mit einem Laufzeitfehler endet.

```
{$I-}                           { Ein-/Ausgabekontrolle abschalten }
Reset(Adressdatei);
IF IOResult < > 0
    THEN  BEGIN
            Rewrite(Adressdatei);              { Datei neu anlegen }
            IF IOResult < > 0 THEN Write('Fehler beim Anlegen der Datei.');
          END
    ELSE                                       { Datei vorhanden }
        WHILE NOT EOF(Adressdatei) DO
            Read(Adressdatei,Freund); { Datensatzzeiger auf Dateiende setzen }
{$I+}                           { Ein-/Ausgabekontrolle einschalten }
```

Zunächst wird versucht, eine vorhandene Datei unter dem der Dateivariablen »Adressdatei« zugeordneten Namen zu öffnen. Für den Fall, daß dieser Versuch gelingt, wird der Positionszeiger durch eine »WHILE ... DO«-Schleife an das Dateiende gesetzt (vgl. Hinweis oben).

Wenn der Versuch, über »Reset« die Datei zu öffnen, fehlschlägt und »IOResult« entsprechend einen Wert ungleich 0 liefert, wird mit »Rewrite« eine neue Datei erzeugt. Wenn auch das nicht klappt und IOResult wieder ungleich Null ist, wird eine Fehlermeldung auf dem Bildschirm ausgegeben. Dieser Fall sollte jedoch nur dann auftreten, wenn entweder das Speichermedium defekt oder aber der Datenträger voll ist.

```
FillChar(Freund, SizeOf(Freund), ' ');
```

wird verwendet, um beim zweiten und jedem weiteren Durchlauf der »REPEAT ... UNTIL«-Schleife vorher eingegebene Variableninhalte mit Leerzeichen zu überschreiben. Wenn Sie dies vergessen, und es werden einzelne Fragen nur durch Betätigung der «Enter»-Taste beantwortet, blieben in diesen Datenfeldern die Eingaben des vorherigen Datensatzes bestehen. Dies wird durch »FillChar« vermieden.

```
IF Length(Nachname) > 0 THEN
    Write(Adressdatei, Freund);
```

Dies ist die letzte Besonderheit des Programms, die Ihnen möglicherweise nicht vertraut ist. Sie sorgt ganz einfach dafür, daß Datensätze nur dann auf den Datenträger geschrieben werden, wenn im Feld »Nachname« auch tatsächlich eine Eintragung vorgenommen wurde. Einen Nachnamen sollte schließlich jeder haben.

Aufgaben

1.) Eröffnen Sie eine mit dem Beispielprogramm erzeugte Datei und lassen Sie sich deren Inhalt seitenweise auf dem Bildschirm anzeigen. Speichern Sie es dazu unter einem neuen Namen und verändern Sie es entsprechend der Aufgabenstellung.

2.) Erweitern Sie das Beispiel dahingehend, daß die Daten auf dem Drucker ausgegeben werden. Dazu müssen Sie zunächst eine weitere Unit, die Unit »Printer« mit in die USES-Anweisung einbeziehen:

USES Crt, Printer, UEingabe;

Da der Drucker von Turbo Pascal wie eine Datei mit dem Namen »Lst« behandelt wird, läßt sich z.B. ein Nachname folgendermaßen auf einem Drucker ausgeben:

Write(Lst, Freund.Nachname:25);

Wie bei der Ausgabe auf dem Bildschirm läßt sich auch bei der Ausgabe auf dem Drucker kein RECORD als Ganzes ausgeben.

Objektorientierte Programmierung

Mit der Turbo Pascal-Version 5.5 hat Borland einen Pascal-Compiler für MS-DOS-Rechner vorgestellt, der die objektorientierte Programmierung unterstützt. Turbo Pascal 6.0 bietet dem Programmierer mit dem Turbo Vision-Paket erstmals die Möglichkeit, zur Bearbeitung von Ein- und Ausgabevorgängen über Tastatur, Maus und Bildschirm fertige Objektklassen zu verwenden, so daß er sich auf die Lösung des eigentlichen Programmierproblems konzentrieren kann. Dabei steht ihm der gesamte Komfort, den Sie von der IDE kennen, zur Verfügung, denn die Units von Turbo Vision wurden auch zu deren Programmierung verwendet.

Die Behandlung von Turbo Vision würde den Rahmen dieses Seminars bei weitem sprengen, dennoch soll dieser Abschnitt Ihnen einen ersten Eindruck vom Konzept der objektorientierten Programmierung (OOP) und wie sie in Turbo Pascal verwendet wird, vermitteln.

Programmierverfahren (Paradigmen)

Das Schlagwort von der objektorientierten Programmierung läßt sich in erster Linie als ein neues Denkmodell bzw. eine Programmier-Philosophie bezeichnen. Zu Beginn wurde bereits über die lineare Programmierung, die dem "algorithmischen Denken" folgt, gesprochen. Dabei stellt man sich ein Programm als eine Folge von Vorschriften vor, die der Reihe nach abgearbeitet werden.

In den 70er Jahren entstand das Modell der "strukturierten Programmierung", dem wir bisher gefolgt sind. Hier bemüht man sich, zusammengehörige Befehle als Einheit zu sehen, und Programmfunktionen in Unterprogrammen (Prozeduren und Funktionen) zusammenzufassen, die über genau festgelegte Schnittstellen zur Außenwelt verfügen.

Die konsequente Weiterentwicklung ist die "objektorientierten Programmierung" (OOP). Die OOP faßt Daten und die von Ihnen verwendeten Methoden (Routinen) zu sogenannten "Objekten" zusammen. Diese Objekte verfügen über eine wichtige Eigenschaft: Hat man einmal eine Klasse von Objekten definiert, kann man daraus Unterklassen (Nachkommen) ableiten, die automatisch alle Eigenschaften ihrer Vorfahren (Daten und Methoden) erben.

Mit Turbo Pascal 6.0 kann dieses Denkmodell verwendet werden, ohne daß der Programmierer dabei seinen gewohnten Pascal-Rahmen verlassen müßte. Die Erweiterungen von Turbo Pascal basieren auf dem von Apple entwickelten "Object Pascal" und orientieren sich an der Sprache C++.

Objektklassen

Objektklassen werden in einer Typ-Deklaration vereinbart. In einem Programm zur Verwaltung persönlicher Daten könnte z.B. die folgende Typdeklaration für die Klasse PERSON enthalten sein:

```
TYPE
    Person =  OBJECT
                Name,
                Vorname : STRING;
                PROCEDURE Einlesen;
                PROCEDURE Ausgeben;
              END;
```

Wie Sie sehen, ist diese Deklaration eines Objekt-Typs bzw. einer Klasse der Deklaration eines Records sehr ähnlich. Im Unterschied zum RECORD kann ein Objekt-Typ jedoch auch Methoden (Prozeduren und Funktionen) enthalten.

Das bloße Aufführen der Kopfzeilen von Prozeduren und Funktionen (den *Methoden* des Objekts) in der Deklaration einer Klasse erinnert wiederum stark an den INTERFACE-Teil einer UNIT. Die auszuführenden Anweisungen werden erst später angegeben.

Objektvariablen (Instanzen)

Eine Objektvariable (Instanz oder einfach nur Objekt) wird analog zum Record folgendermaßen deklariert:

```
VAR
        Pers : Person;
```

Im folgenden Beispiel werden alle bisher behandelten Sachverhalte zusammenfassend dargestellt.

```pascal
PROGRAM OO_Beispiel_01;
{ OOPS01.PAS - TP 6.0 }

USES Crt;

{ Deklaration eines Objekttyps (einer Klasse) }
TYPE
  Person = OBJECT
             Name,
             Vorname : STRING;
             PROCEDURE Einlesen;
             PROCEDURE Ausgeben;
           END;


{ Die Methoden der Klasse »Person« }
PROCEDURE Person.Einlesen;
BEGIN
  Write('Nachname? ');
  ReadLn(Name);
  Write('Vorname? ');
  ReadLn(Vorname);
END;

PROCEDURE Person.Ausgeben;
BEGIN
  WriteLn;
  Write('Nachname: ');
  Write(Name);
  Write('   Vorname: ');
  WriteLn(Vorname);
END;


{ Deklaration einer Instanz (Objektvariablen) }
VAR
  Pers : Person;

BEGIN
  Pers.Einlesen;
  Pers.Ausgeben;
  ReadLn;              { Auf Tastendruck warten }
END.
```

Im Programm wird eine Klasse »Person« deklariert, die über die Felder »Name« und »Vorname«, sowie die Methoden »Einlesen« und »Ausgeben« verfügt. Wie Sie im Programm sehen können, werden die Methoden, die in der Klassendeklaration nur aufgeführt werden, später genauer spezifiert. Dann muß im Kopf der Methode dem Methodennamen der Name der Klasse, zu der sie gehört vorangestellt werden. Dies ist notwendig, da unterschiedliche Klassen oft über gleichnamige Methoden verfügen. Ohne Voranstellung des Klassennamens wäre also eine Zuordnung der unterschiedlichen Methoden zu den verschiedenen Klassen nicht möglich.

Es wird eine Instanz »Pers« der Klasse »Person« deklariert. Im Hauptprogramm werden dann die Botschaften »Einlesen« und »Ausgeben« an die Instanz »Pers« gesendet.

Person ist gewissermaßen die Oberklasse. Personen können aber auch über weitere spezielle Eigenschaften verfügen, die diese von der allgemeinen Klasse »Person« abhebt. So läßt sich die Gesamtheit der Personen (die Klasse »Person«) z.B. in die Unterklassen "Kraftfahrer" und "Nicht-Kraftfahrer" unterteilen. Beide Unterklassen verfügen über alle Eigenschaften, die für die Oberklasse »Person« festgelegt wurden: Namen und Vornamen. Zusätzlich können in die Unterklassen spezielle Eigenschaften aufgenommen werden, die sie von der Klasse »Person« unterscheiden: z.B. verfügen Kraftfahrer über einen Führerschein und ein Kraftfahrzeug bestimmten Fabrikats.

Will man diesen Sachverhalt mit den Standardmitteln von Pascal erfassen, deklariert man üblicherweise einen komplett neuen Record mit zusätzlichen Feldern, wie z.B. »Führerscheinklasse« und »Fahrzeugtyp«, sowie vollständig neue Eingabe- und Ausgabe-Routinen. Bei Verwendung der objektorientierten Programmierung läßt sich ein solcher Sachverhalt wesentlich einfacher realisieren. Das magische Wort heißt hier "Vererbung" (Inheritance).

Vererbung (Inheritance)

Objekte unterscheiden sich auch darin von Records, daß man neue Klassen von bestehenden ableiten und so alle Felder und Methoden anderer Klassen "vererben" kann. Dazu hängt man bei der Deklaration

---

einer neuen Klasse lediglich den Namen der Oberklasse in runden Klammern an den Bezeichner OBJECT an. Von Unterklassen können dann wieder weitere Klassen abgeleitet werden, so daß beliebig verzweigte Klassenhierarchien entstehen können.

Die abgeleiteten Klassen besitzen neben den für sie definierten Feldern alle Felder ihrer Oberklassen. Ebenso sind die Methoden der Oberklassen auf Instanzen der Klasse anwendbar. Instanzen lassen sich allen Objekten übergeordneter Klassen zuweisen, wobei nur jene Felder Berücksichtigung finden, die beiden Klassen gemein sind.

Unterklassen erlauben die bequeme Behandlung von Sonderfällen, da sie den überwiegenden Teil ihrer Möglichkeiten (den allgemeinen Fall) von ihren Oberklassen erben und nur Ausnahmesituationen durch neue oder umdefinierte, sogenannte "überladene" Methoden abgefangen werden müssen. Dazu muß der Quelltext der Oberklassen nicht verändert werden; er muß nicht einmal bekannt sein.

Deklarieren wir als Beispiel eine Unterklasse der Klasse »Person«, die zusätzlich zu den Feldern der Oberklasse das Feld »Fuehrerscheinklasse« enthalten soll:

```
TYPE
     Kraftfahrer :    OBJECT(Person)
                      Fuehrerscheinklasse : STRING;
                      ...
                END;
```

Der Objekttyp »Kraftfahrer« ist eine Unterklasse und damit ein Nachkomme des Objekttyps »Person« und "erbt" automatisch alle Datenfelder und Methoden der Oberklasse »Person«. Im Anschluß daran werden dann nur noch diejenigen Datenfelder aufgeführt, die zusätzlich hinzukommen und ggf. diejenigen Methoden (Prozeduren und Funktionen), die für den Nachkommentyp speziell angepaßt werden müssen. Werden Methoden unverändert von der Oberklasse übernommen, brauchen diese nicht nochmals aufgeführt zu werden.

Auch wenn in der Typdeklaration von »Kraftfahrer« die Felder »Name« und »Vorname«, sowie die Prozeduren »Eingeben« und »Ausgeben« nicht vorkommen, können diese dennoch verwendet werden und sind auch ohne explizite Angabe vorhanden. Schließlich hat auch ein Kraftfahrer Namen und Vornamen.

Die beiden Methoden »Einlesen« und »Ausgeben« müßten aber in unserem Beispiel "irgendwie" erweitert werden, um auch die Ein-/Ausgabe des Felds »Fuehrerscheinklasse« zu ermöglichen.

Die Erweiterung der Methode »Einlesen« könnte z.b. folgendermaßen aussehen:

```
PROCEDURE Kraftfahrer.Einlesen;
BEGIN
  Person.Einlesen;
  Write('Führerscheinklasse? ');
  ReadLn(Fuehrerscheinklasse);
END;
```

Dabei wird die Methode »Einlesen« der Oberklasse »Person« übernommen und um zwei Anweisungen erweitert. Auch bei der Übernahme der Methode der Oberklasse findet wieder die "Punktmethode" Verwendung (Name_der_Klasse.Name_der_Methode).

Vielfalt (Polymorphie)

Die Existenz gleichnamiger und gleichbedeutender Methoden bei je nach Klasse unterschiedlicher Realisierung (wie z.B. bei »Einlesen«) wird *Polymorphie* genannt. Die Sendung der gleichen Botschaft von ähnlicher Bedeutung an unterschiedliche Objekte, aber mit objekt- bzw. klassenspezifischer Umsetzung wird dadurch möglich. Ein Beispiel für Polymorphie findet man beispielsweise beim Operator »+« in vielen Programmiersprachen: Wird die Botschaft »+« an Objekte der Klassen "Zahlen" oder "Zeichenketten" gesendet, führt diese je nach Objekt zu unterschiedlichem Verhalten der Objekte, bzw. zu unterschiedlichen Ergebnissen.

Hinweis: In rein objektorientierten Entwicklungsumgebungen ist die Überladbarkeit von Operatoren ein Muß. Turbo Pascal verfügt (noch?) nicht über diese Möglichkeit. Rechenoperatoren sind hier nicht umdefinierbar.

Durch die "Polymorphie" genannte Eigenschaft entscheidet das Objekt erst zur Laufzeit eines Programms, wie es auf eine Botschaft reagiert.

Polymorphie führt wegen der objekt- bzw. klassenspezifischen Realisierung von Methoden zu einem neuen Problem: Der Compiler kann oft zur Übersetzungszeit noch nicht bestimmen, welche Version einer polymorphen Methode während der Laufzeit ausgeführt werden soll. Dieselbe Botschaft kann an Objekte verschiedener Klassen gesendet werden und spricht dort objektspezifisch realisierte Methoden an. Die Funktion »Gewicht« zur Berechnung des Idealgewichts im folgenden Programmbeispiel wird z.B. für Frauen anders realisiert als für Männer. (Sehen Sie sich das einige Seiten weiter unten abgedruckte Programmbeispiel »OOPS02.PAS« parallel zu den folgenden Erläuterungen an.)

Bedient sich (wie die Methode »Ausgeben« von »Person«) eine Methode einer Botschaft (im Beispiel »Gewicht«) an ein Objekt einer ihrer Unterklassen, überläßt sie Teile ihrer Auswertung der Klasse des jeweiligen Zielobjekts, besteht erst zur Programmlaufzeit Klarheit über die Auswahl der passenden Methode. Objektorientierte Compiler-Sprache müssen deshalb sogenannte "virtuelle Methoden" unterstützen.

Virtuelle Methoden

Virtuelle Methoden müssen in Turbo Pascal mit dem Zusatz »VIRTUAL« deklariert werden. Methoden, bei deren Deklaration dieses reservierte Wort nicht nachgestellt ist, bindet der Compiler statisch. Bei statischer Bindung würde die Botschaft »Gewicht« in »Ausgeben« z.B. immer über die Methode »Person.Gewicht« realisiert werden, und damit *immer* zum falschen Ergebnis führen, weil von »Person.Gewicht« lediglich ein "Zwischenergebnis" zurückgemeldet wird.

Damit ergibt sich zwangsläufig die Frage, wann Methoden »virtuell«, wann »statisch« deklariert werden sollten, bzw. werden müssen. Als Faustregel gilt: Methoden, die von Unterklassen umdefiniert (überladen) werden, müssen in der Regel »virtuell« deklariert werden. Darüber hinaus sollten alle Methoden, die überladbar sein sollen, »virtuell« deklariert werden. Methoden, die einmal »virtuell« festgelegt wurden, müssen auch in allen abstammenden Unterklassen »virtuell« deklariert werden.

Damit ist es aber noch nicht getan: Objekte, die virtuelle Methoden benutzen, müssen vor ihrer Verwendung unbedingt initialisiert bzw. vorbelegt werden. Vergessen Sie die Initialisierung dieser Objekte vor ihrem Gebrauch, schicken Sie den Rechner ins Niemandsland: Es kommt unweigerlich zu Systemabstürzen.

Die Initialisierung von Objekten wird über Methoden durchgeführt, die mit »CONSTRUCTOR« anstelle von »PROCEDURE« bezeichnet werden. Im Beispiel »OOPS02« finden Sie den Konstruktor »Init« als Methode der Klasse »Person«.

Hinweis: Der Compiler prüft bei Verwendung der Direktive {$R+}, ob Objekte initialisiert wurden, bevor Botschaften an sie geschickt werden.

Das Beispiel

Das Beispielprogramm »OOPS02.PAS« wurde bewußt einfach gehalten und beschränkt sich auf die dargestellten Sachverhalte. Die Unterklassen weisen keine zusätzlichen Felder, sondern lediglich die Felder der Oberklasse auf, was eigentlich ganz und gar unüblich ist. Dennoch erreicht das Beispielprogramm einen ziemlichen Umfang. Die zugrundeliegende Problemstellung, "Berechnung des Idealgewichts für Frauen bzw. Männer" läßt sich mit den traditionellen Mitteln von Pascal sicherlich auch wesentlich kürzer und einfacher darstellen.

Wesentlich am Beispiel ist die Darstellung der virtuellen Methoden. »Ausgeben« berechnet das Idealgewicht korrekt, obwohl diese Methode nur einmal – für die Klasse »Person« – aufgeführt wurde. Dies ist nur dann möglich, wenn die Methode »Gewicht«, die in den Unterklassen »Frau« und »Mann« jeweils überladen wird, virtuell deklariert wird.

Aufgabe: Geben Sie das Programm ein, und lassen Sie es ablaufen. Probieren Sie bitte auch aus, was passiert, wenn Sie den Zusatz »VIRTUAL« bei den Methoden »Gewicht« entfernen. "Vergessen" Sie auch einmal die Initialisierung der Instanzen. Klammern Sie die entsprechenden Anweisungen als Kommentare aus. (Vorher abspeichern!!!)

Objektorientierte Programmierung

```
PROGRAM OO_Beispiel_02;
{ OOPS02.PAS - TP 5.5 }

USES Crt;

TYPE
  Person =  OBJECT
              Name,
              Vorname : STRING;
              Groesse : REAL;
              CONSTRUCTOR Init;
              PROCEDURE Einlesen;
              PROCEDURE Ausgeben;
              FUNCTION Gewicht : REAL; VIRTUAL;
            END;


{ Methoden der Klasse Person }
CONSTRUCTOR Person.Init;
{ Die zur Initialisierung zu verwendenden Daten werden übergeben }
BEGIN
  Name := '';          { Leerstring }
  Vorname := '';
  Groesse := 0.0;
END;

PROCEDURE Person.Einlesen;
BEGIN
  Write('Nachname? ');
  ReadLn(Name);
  Write('Vorname? ');
  ReadLn(Vorname);
  Write('Größe in Meter? ');
  ReadLn(Groesse);
END;


PROCEDURE Person.Ausgeben;
BEGIN
  WriteLn;
  Write('Nachname: ');
  Write(Name);
  Write('  Vorname: ');
  Write(Vorname);
  WriteLn('   Idealgewicht:  ', Gewicht:3:1, ' kg.');
END;
```

```
FUNCTION Person.Gewicht: REAL;
BEGIN
  Gewicht : = Groesse * 100 - 100;
END;


{ Deklaration der Unterklasse Frau }
TYPE
  Frau =    OBJECT(Person)
                FUNCTION Gewicht : REAL; VIRTUAL;
            END;

{ Überladene Methoden der Klasse Frau }
FUNCTION Frau.Gewicht : REAL;
BEGIN
  Gewicht : = Person.Gewicht * 0.85;
END;


{ Deklaration der Unterklasse Mann }
TYPE
  Mann =    OBJECT(Person)
                FUNCTION Gewicht : REAL; VIRTUAL;
            END;


{ Überladene Methoden der Klasse Mann }
FUNCTION Mann.Gewicht: REAL;
BEGIN
  Gewicht : = Person.Gewicht * 0.90;
END;


{ Deklaration der Instanzen }
VAR
  Weiblich    : Frau;
  Maennlich   : Mann;
  CH          : CHAR;

BEGIN
  {   Objekte, die virtuelle Methoden benutzen, MÜSSEN vor ihrer Verwendung
      mit einem Konstruktoraufruf initialisiert werden! }
  Maennlich.Init;
  Weiblich.Init;

  Write('Geschlecht (m/w)? ');
```

```
REPEAT
    CH : = ReadKey;
    CH : = UpCase(CH);
UNTIL (CH = 'M') OR (CH = 'W');

WriteLn;

IF CH = 'W'
    THEN WITH Weiblich DO
            BEGIN
                Einlesen;
                Ausgeben;
            END { THEN WITH }
    ELSE WITH Maennlich DO
            BEGIN
                Einlesen;
                Ausgeben;
            END; { ELSE WITH }

    ReadLn;         { Auf Tastendruck warten }
END.
```

Vorteile der OOP

Die Möglichkeiten, die sich aus den auf den ersten Blick recht unbedeutend erscheinenden Erweiterungen für *umfangreiche* Anwendungen ergeben, sind faszinierend. Voraussetzung dafür ist allerdings, daß sich der Programmierer mit der objektorientierten Denkweise vertraut macht.

Die natürlichen Bindungen zwischen Datenstrukturen und zugehörigen Algorithmen werden durch prozedurale Sprachen verwischt, weil Daten und Funktionen beim Entwurf getrennt voneinander behandelt werden, was mit der Realität meist nicht vereinbar ist. Dementsprechend groß ist der Änderungsaufwand bei strukturellen Umstellungen. Ohne Änderungen am Quelltext eines Moduls ist keine Änderung des Laufzeitverhaltens von Programmen möglich. Auch besitzen allgemeiner verwendbare Routinen meist eine höhere Komplexität und werden damit größer, langsamer und schlechter wartbar. In der Praxis sind von notwendigen Änderungen auch oft die Schnittstellen der Units betroffen, was globale Änderungen der Programme, die diese Unit verwenden, notwendig werden läßt.

Hierin ist der Ansatzpunkt der objektorientierten Erweiterungen zu sehen. Die objektorientierte Sichtweise faßt Daten, Prozeduren und Funktionen zu möglichst realistischen Modellen (Objekten) der Wirklichkeit zusammen und erlaubt den Zugriff auf die objektinternen Elemente nur den 'Methoden' (Prozeduren und Funktionen), die ebenfalls im Objekt definiert sind. Darüber hinaus dürfen Methoden lediglich Botschaften austauschen. Objekte sind weder passive Daten noch inhaltslose Befehlsfolgen. Sie verfügen vielmehr über "Wissen" und objektspezifische "Verhaltensweisen".

Hinweis: Turbo Pascal verhindert entgegen der rein objektorientierten Denkweise *nicht* den direkten Zugriff auf Objekte. Zugriffe auf Objekte sind hier auch ohne Verwendung deren Methoden möglich.

Eine der Hauptarbeiten beim Einsatz der OOP ist darin zu sehen, Klassenhierarchien zu erstellen. Der Programmierer muß sich also in erster Linie darüber klar werden, in wieweit Klassen einander ähnlich sind, und worin sie sich voneinander unterscheiden. Dieser Ansatz unterscheidet sich damit ganz erheblich von der üblichen Sichtweise beim Programmieren in Pascal, bietet aber, insbesondere bei größeren Programmierprojekten, faszinierende Möglichkeiten. Dies gilt insbesondere dann, wenn die Klassen (im Unterschied zu unseren Minibeispielen) auch tatsächlich "etwas zu vererben haben".

Aufgaben

1.)   Erstellen Sie eine Hierarchie der Ihnen bekannten Turbo Pascal-Datentypen und -Strukturen.

2.)   Klassifizieren Sie "Fahrzeuge" (Dreirad, Fahrrad, Motorrad, Lkw, Pkw, Omnibus, Mofa ...). Worin unterscheiden sich die verschiedenen Unterklassen von »Fahrzeug«; welche Eigenschaften sind ihnen gemeinsam?

3.)   Erläutern Sie die Begriffe Instanz, Vererbung und Polymorphie in Hinsicht auf die OOP.

Anhang: Editorkommandos

In diesem Kapitel finden Sie eine Übersicht über die verschiedenen Tastenkommandos im Editor der integrierten Entwicklungsumgebung. Der Editor kennt nach wie vor weitgehend dieselben Tastenbefehle wie Side-Kick und WordStar. Die Texteingabe arbeitet dabei nach dem Prinzip einer Schreibmaschine: Wenn Sie eine Zeile beenden wollen, müssen Sie die «Enter»-Taste drücken. Obwohl Sie in einer Zeile bis zu 249 Zeichen eingeben können, sollten Sie nicht mehr als 126 Zeichen pro Zeile für Programmtexte verwenden, weil der Compiler längere Zeilen nicht bearbeitet. Die Spalten 127 bis 249 können lediglich für Kommentare verwendet werden.

Arbeiten mit der Maus

Die SAA-ähnliche Benutzeroberfläche von Turbo Pascal 6.0 läßt sich nun auch mit einer Maus bedienen. Menüs werden wie gewohnt duch Anklikken (linke Maustaste) geöffnet und durch Klicken an einer beliebigen Stelle des Fensters wieder geschlossen, ohne etwas zu verändern.

Innerhalb des Fensters können Sie den Cursor beliebig positionieren und durch Festhalten der linken Maustaste einen Block markieren. Dieser Bereich wird "farbig" unterlegt und steht dann für die Operationen des Menüs »Edit« zur Verfügung.

In der Standardeinstellung rufen Sie mit der rechten Maustaste die kontextsensitive Hilfefunktion auf. Erfahrene Programmierer werden es vielleicht vorziehen, hier im Menü »Options/Environment/Mouse« eine der Debug-Funktionen auf diese Taste zu legen. Dort können Sie auch die Geschwindigkeit für den "Doppelklick" einstellen, der die sofortige Ausführung eines Kommandos ohne den Umweg über den »OK«-Schalter bewirkt.

Kommandos zur Cursorbewegung

Im folgenden finden Sie eine Aufstellung der wichtigsten zur Verfügung stehenden Tastenkombinationen. Wo Wordstar-Befehle um Tastenkombinationen aus dem Cursorblock ergänzt wurden, sind nur diese aufgeführt, obwohl alle "Control-Befehle" noch wirksam sind.

Taste	Wirkung
«Abwärtspfeil»	Cursor um eine Zeile abwärts bewegen
«Aufwärtspfeil»	Cursor eine Zeile aufwärts bewegen
«Linkspfeil»	Cursor um ein Zeichen nach links bewegen
«Rechtspfeil»	Cursor um ein Zeichen nach rechts bewegen
«Strg-Linkspfeil»	Cursor ein Wort nach links bewegen (an den Wortanfang)
«Strg-Rechtspfeil»	Cursor um ein Wort nach rechts bewegen
«Home» bzw. «Pos1»	An den Anfang der Zeile springen
«End» bzw. «Ende»	An das Ende der Zeile springen
«Strg-Home»	Cursor an den oberen Rand des Fensters setzen
«Strg-End»	Cursor an den unteren Rand des Fensters setzen
«BildAb»	Eine Bildschirmseite vorwärts- bzw. abwärtsblättern
«BildAuf»	Eine Bildschirmseite zurück- bzw. aufwärtsblättern
«Strg-BildAb»	An das Ende der editierten Datei springen
«Strg-BildAuf»	An den Anfang der editierten Datei springen
«Strg-W»	Aufwärts rollen (Der Cursor bleibt in der Zeile)
«Strg-Z»	Abwärts rollen (Der Cursor bleibt in der Zeile)
«Strg-Q B»	Cursor an den Anfang des markierten Blocks setzen
«Strg-Q K»	Cursor an das Ende des markierten Blocks setzen
«Strg-Q P»	Nach einer Suchoperation an die ursprüngliche Position zurückkehren
«Einfg»	Wechsel zwischen Einfügen (Strichcursor) und Überschreiben (Blockcursor)
«Strg-P»	Einleitung für Steuerzeichen

Einfügen und Löschen

Taste	Wirkung
«Del» bzw. «Entf»	Zeichen an der Cursorposition löschen
«Ins» bzw. «Einfg»	Umschalten zwischen Einfüge-/Überschreibmodus
«Rücktaste»	Zeichen links vom Cursor löschen
«Strg-T»	Wort rechts vom Cursor löschen
«Strg-Q Y»	Löschen ab Cursorposition bis Zeilenende
«Strg-Y»	Zeile, in der sich der Cursor befindet, löschen
«Strg-Q L»	Zeile, in der sich der Cursor befindet, wiederherstellen. (Mit «Strg-Y» gelöschte Zeilen lassen sich nicht wiederherstellen, da der Cursor dabei automatisch die Zeile verläßt.)
«Strg-N»	Zeile einfügen

Blockbearbeitung

Taste	Wirkung
«Umsch-Pfeiltasten»	Block von der Cursorposition an markieren
«Strg-K B»	Blockanfangsmarkierung setzen
«Strg-K K»	Blockendemarkierung setzen
«Strg-K T»	Einzelwort als Block markieren
«Strg-K H»	Blockmarkierung ein-/ausschalten (Hide)
«Strg-K I»	Markierten Block um eine Spalte nach rechts einrücken
«Strg-K U»	Markierten Block um eine Spalte nach links verschieben
«Strg-K C»	Markierten Block an die Cursorposition kopieren (Copy)
«Strg-K V»	Markierten Block an die Cursorposition verschieben
«Strg-Einfg»	Kopie anfertigen (Edit/Copy)
«Umsch-Entf»	Kopie anfertigen und im Text löschen (Edit/Cut)
«Umsch-Einfg»	Kopie an der Cursorposition einfügen (Edit/Paste)
«Strg-K Y»	Markierten Block löschen
«Strg-K P»	Markierten Block drucken (Print)
«Strg-K R»	Block aus der angegebenen Datei lesen und an der Cursorposition einfügen (Read)
«Strg-K W»	Markierten Block als Datei speichern (Write)
«Strg-O F»	(Options/Env./Editor/Optimal Fill) Schalter für Füllfunktion. Um Speicherplatz zu sparen, werden Leerzeichen z. T. durch Tabulatoren ersetzt

Suchen/Ersetzen

Taste	Wirkung
«Strg-Q F»	Suchen von Zeichenfolgen (Search/Find); es öffnet sich eine Dialogbox für Optionen
«Strg-Q A»	Suchen und Austauschen (Search/Replace); es öffnet sich eine Dialogbox für Optionen
«Strg-Q [»	zugehörigen abschließenden Begrenzer zum markierten Begrenzerzeichen ({, (, [, ", ') suchen; sehr praktisch bei komplizierten Klammerausdrücken
«Strg-Q]»	zugehörigen öffnenden Begrenzer zum markierten Begrenzerzeichen (},),], ", ') suchen
«Strg-K n»	Ansprungmarkierung setzen. n ist eine Ziffer von 0 bis 9
«Strg-Q n»	zur Markierung n springen. (Vgl. «Strg-K n»)
«Strg-Q W»	Fehlermeldung zurückholen
«Strg-L»	Wiederholung Suchen/Ersetzen mit den gleichen Vorgaben (Search/Search again)
«Strg-U»	Operation abbrechen

Einsteigerseminar Turbo Pascal

Hot Keys

Innerhalb der integrierten Entwicklungsumgebung von Turbo Pascal verfügen Sie über die Möglichkeit, mit sogenannten "Hot Keys" (Direktkommandos) auf die wichtigsten Funktionen und Menüs direkt zuzugreifen.

Hot Key	Wirkung
«F1»	(Help) Aktiviert die kontextbezogene Hilfestellung
«ALT-F1»	Reaktiviert den letzten Hilfebildschirm
«STRG-F1»	Aktiviert die Syntax-Hilfe, d.h. zeigt Hilfeinformationen zu dem Befehlswort an, das Sie mit dem Cursor markiert haben.
«F2»	(File/Save) Speichert den Text im aktiven Fenster
«STRG-F2»	(Program Reset) Setzt den Programmzähler an den Anfang des Programms zurück und schließt gegebenenfalls geöffnete Dateien.
«F3»	(File/Open) öffnet ein neues Fenster lädt eine neue Datei
«ALT-F3»	(Window/Close) Schließt das aktive Fenster
«STRG-F3»	(Call Stack) Zeigt die gerade abgearbeiteten Programmschritte an
«F4»	(Run/Goto Cursor) Läßt ein Programm bis zur Cursorposition ablaufen
«STRG-F4»	(Debug/Evaluate/Modify) Bietet die Möglichkeit, die Gültigkeit von Ausdrücken zu überprüfen und Variablen neue Werte zuzuweisen
«F5»	(Window/Zoom) Vergrößert bzw. verkleinert das momentan aktive Fenster
«ALT-F5»	(Window/User Screen) Schaltet zum Benutzer-Bildschirm um
«STRG-F5»	(Window/Size/Move) Ändert Größe und Position des Fensters
«F6»	(Window/Next) Wechselt zum nächsten Fenster
«Umsch-F6»	(Window/Previous) Wechselt zum letzten Fenster
«ALT-Nummer»	Wechselt zum Fenster mit der angegebenen Nummer
«F7»	(Run/Trace into) Führt ein Programm zeilenweise aus
«F8»	(Run/Step over) Führt das Programm, das sich im Editor befindet, zeilenweise aus, behandelt aber Prozedur- und Funktionsaufrufe wie einen einzelnen Schritt.
«STRG-F7»	(Debug/Add watch) Mit dieser Tastenkombination fügen Sie im "Beobachtungsfenster" (Watch-Window) eine zu beobachtende Variable hinzu.
«STRG-F8»	(Debug/Toggle Breakpoint) Fügt einen "Unterbrechungspunkt" in ein Programm, das sich im Editor befindet ein oder entfernt ihn
«F9»	(Compile/Make) Compiliert und linkt das komplette Programm
«ALT-F9»	(Compile/Compile) Compiliert nur die aktuelle Datei
«STRG-F9»	(Run/Run) Compiliert und startet ein Programm innerhalb der integrierten Entwicklungsumgebung
«F10»	Aktiviert das Hauptmenü
«ALT-Buchst.»	Öffnet den betreffenden Menüpunkt im Hauptmenu. Von dort an genügt die Angabe des jeweils hervorgehobenen Buchstaben.
«ALT-Leertaste»	Öffnet das Systemmenü mit Versionsangaben und der Möglichkeit, den Bildschirm wiederherzustellen oder die gesamte Oberfläche leerzuräumen.
«ALT-X»	(File/Quit) Beendet Turbo Pascal und speichert nach Rückfrage die im Editor bearbeitete Datei ab.

Reservierte Wörter in Turbo Pascal 6.0

Die folgende Liste enthält die in Turbo Pascal reservierten Wörter. Reservierte Wörter können nicht als Namen für Variablen, Konstanten oder Prozeduren verwendet werden, ebenso wie die Symbole für Operatoren, Begrenzer (Klammern und Anführungszeichen) und Sonderzeichen mit spezieller Bedeutung wie (@, $, # und ^).

ABSOLUTE	GOTO	RECORD
AND		REPEAT
ARRAY	IF	
ASM	IMPLEMENTATION	SET
ASSEMBLER	IN	SHL
	INLINE	SHR
BEGIN	INTERFACE	STRING
	INTERRUPT	
CASE		THEN
CONST	LABEL	TO
CONSTRUCTOR		TYPE
	MOD	
DESTRUCTOR		UNIT
DIV	NEAR	UNTIL
DO	NIL	USES
DOWNTO	NOT	
		VAR
ELSE	OBJECT	VIRTUAL
END	OF	
EXTERNAL	OR	WHILE
		WITH
FAR	PACKED	
FILE	PRIVATE	XOR
FOR	PROCEDURE	
FORWARD	PROGRAM	
FUNCTION		

Index

Unsere Einsteigerseminare geben Ihnen auf 200-290 Seiten eine didaktisch aufbereitete Einführung in Ihre Software.

Folgende Titel sind lieferbar:

Ami Pro 3.0
AutoCAD 11.0
AutoCAD 12
AutoCAD für Windows
AutoSketch 2.0/3.0

BASIC
Batch-Dateien

C
C++
COBOL
CorelDRAW! 4
CorelDRAW! 3.0 2. Auflage

Datensicherheit
dBASE IV 2.0
dBASE IV Programmierung
dBASE IV Vs. v1.5
dBASE IV Vs. 1.1
DTP auf einen Blick

F & A 4.0
FoxPro 2.5 für Windows
Freelance Graphics 2.0

Harvard Graphics für Windows
Harvard Graphics 3.0

KHK PC-Kaufmann 4. Auflage

Leitfaden Computerkauf
Lotus Approach
Lotus Improv
Lotus 1-2-3 für Windows

MS Access
MS Excel 4.0 2. Auflage
MS Excel 3.0
MS Project für Windows 3.0
MS Publisher
MS-DOS 6.0
MS-DOS 5 2. Auflage
MS Works 3.0 2. Auflage
MS Works für Windows
Multiplan 4.0/4.2

Norton Desktop 2.0 für Windows
Novell NetWare 2. Auflage
Novell Lite

OS/2 2.0/2.1

PageMaker 5.0
PageMaker 4.0 2. Auflage
Paradox für Windows
PC & EDV 5. Auflage
PC Tools 8.0
PC Tools für Windows
Programmierung

QBasic 2. Auflage
Quark XPress für Windows
Quattro Pro für Windows
Quattro Pro 4.0

Star Writer 6.0

Telekommunikation
Turbo Pascal 7.0
Turbo Pascal 6.0

BHV

DAS EINSTEIGERSEMINAR

DM 19,80
SFR 19,80
ÖS 155

UNIX 2. Auflage

In Vorbereitung:

Ventura Publisher für Windows
Visual Basic

dBASE für Windows
Designer 4.0
MS Excel 5.0
Windows 3.1
Windows 3.0
Windows NT
Word 6.0
Word 5.5
Word 5.0 2. Auflage
Word für Windows 2.0
Word für Windows 1.0/1.1
WordPerfect für Windows
WordStar 7.0
WordStar für Windows

Novell DOS 7
Novell Net Ware 4
Quattro Pro 5.0
Word für Windows 6.0

Sie erhalten diese und alle anderen Bücher der BHV im guten Buch- oder Fachhandel oder direkt beim Verlag:

BHV Verlags GmbH
Postfach 30 01 62
41342 Korschenbroich
Telefon: (0 21 82) 40 63-65
Telefax: (0 21 82) 5 09 15

Absender:

_____

_____

_____

_____

Das Angebot, Programm und Einsteigerseminar zu
diesem günstigen Preis anzubieten, finde ich toll!
Folgende Programme würde ich zu diesen Kondi-
tionen wahrscheinlich auch kaufen:

_____

_____

_____

◇ Hiermit bestätige ich die umseitige Bestellung
und erhalte außerdem Ihr Gesamtprogramm!

◇ Ich bestelle nichts, fordere jedoch Ihr aktuelles
Gesamtprogramm an!

_____

Datum, Unterschrift

◇ Ich bin übrigens im Ausbildungsbereich tätig.

Bitte freimachen

BHV Verlag GmbH
Postfach 30 01 62

41342 Korschenbroich

BESTELLCOUPON

BESTELLCOUPON

Mit dem Einsteigerseminar, das diesem Programm als Handbuch beigelegt wurde, bin ich sehr zufrieden!

Ich möchte daher folgende Titel Ihres Verlages beziehen:

◇ _____

◇ _____

◇ _____

◇ _____

◇ _____

◇ _____

Natürlich können
Sie die Bücher
auch bei Ihrem
Buch- oder Fach-
händler erwerben!